U0517238

Conscious
Loving
The
Journey
to
Co-Commitment

觉醒的亲密关系

缔造和谐有爱、完整务实的亲密关系

［美］盖伊·汉德瑞克（Gay Hendricks）［美］凯瑟琳·汉德瑞克（Kathlyn Hendricks）◎著

朱菲菲 郝红尉◎译

华夏出版社
HUAXIA PUBLISHING HOUSE

谨以此书献给我们的孩子阿曼达和克里斯，他们真的很了不起，能够让家庭关系那样和谐美好。

致　谢

由衷感谢那3000多对找我们进行情感咨询的夫妻，感谢过去40年里3万多名前来咨询和参加研讨会的人们。正是他们在追求理想爱情道路上勇敢、不懈的努力，才促使我们最终写下本书。

感谢所有参与我们职业培训的治疗师。他们给了我们极大的鼓励和关怀，也给了我们许多有建设性意义的反馈。衷心感谢最早阅读本书手稿并提出宝贵意见的同行们。

感谢我们的父母诺尔玛·亨迪克斯、波莉·斯威夫特和鲍勃·斯威夫特，谢谢他们为我们付出的一切。

感谢为本书作序的心灵导师约翰·布拉德肖，他对社会充满爱，并为人们情感关系的疗愈做出了伟大的贡献。

目　录
Contents

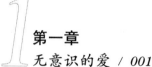

序

《觉醒的亲密关系》这本书是盖伊·汉德瑞克实践多年的智慧结晶。从他身上我学会了如何爱自己，如何看待人类复杂的情感。他与凯瑟琳的情感之路也让我看到了什么才是理想的爱。这本书是他们夫妇二人献给所有读者的爱之宝典。

说到爱，在我看来，唯有"觉醒的爱"才能解决一切与爱有关的问题。我们的社会存在着家庭不和、酗酒、嗜毒等严重问题，这些问题说到底都源于无意识的爱。

在对爱的理解上，我们的很多想法都已过时。人类最初追求爱，渴望拥有家庭，在很大程度上是出于生存的需要。如果生存受到威胁，两性双方中有一个人执掌大局是绝对有益的。只要能互相依赖，即便忽略内心的真实感受也没什么问题。

但我们的文化又偏偏十分重视享受。在新的时代，旧有的爱情模式已经满足不了人们从内心出发对爱的向往和追求。

凯瑟琳和盖伊在我们最需要的时候带来了全新的爱情相处之道。对于日趋平淡的婚姻生活，我们一定要学会主动出击，改变现状。婚姻关系的好坏在很大程度上决定了整个家庭的幸福与否。尽管夫妻双方都尽力维护彼此的关系，但如果旧有的相处模式不改变，相信他们最终的关系也不会太理想——因为这种关系建立在不平等的基础上。这本书告诉我们，两性双方只有在平等的状态下才有可能获得真正的爱情。

更难得的是，盖伊和凯瑟琳还在书中一步步教给我们如何在两性关系中获得平等地位。本书最可贵的一点就是它的可操作性。汉德瑞克夫妇在书中附赠了丰富的练习活动，教给大家怎样才能爱得更亲密无间。

在我心中，盖伊和凯瑟琳是我的良师。希望大家都能把这本书买回家，仔细研读，充分使用。

心灵导师

约翰·布拉德肖

前言

多年前，我们在婚礼上有幸得到了一对夫妇的祝福。这对夫妇名为玛丽和艾德，从他们身上，我们目睹了携手到老、相依相偎的最高境界。在婚礼上，他们朗诵了一首特别为我们挑选的小诗。这首诗让我们对渴望已久的婚姻生活有了顿悟，之后也时时指引我们走出种种困境和迷惑。这首诗的作者是荣格心理分析师希拉·穆恩。让我们一起分享这首诗，共同迈向充满爱的生命之旅吧！

舞动的生命

那一刻，尚未来临，已让我们久久翘首相望；
之后会是什么？
梦里轻雾萦绕，
山峰若隐若现。
我看不清前方的路，
看不清梦中的我。

梦里那痴痴的笑，

凝望着新娘飘然而至，

那赤裸裸的喜悦，

一直，一直。

前方的路啊，

或是曲折，或是荆棘密布。

发间那娇媚的玫瑰，

却从来不曾有半点凋零。

随他们去！让我们随他们去！

张开手臂，

来拥抱这未加雕饰的美妙。

纵然容颜老去，

那相互凝视的目光啊，

依然如月光般宁静美好。

拥抱吧！

就像拥抱那绽放的花儿，

我们的心，也会因这拥抱而慢慢融化。

索性随风而去吧，

管他是狂风暴雨，还是阴云密布。

我只能等待命运之手，

把我推向下一个未知。

在风暴中狂呼吧！

什么也阻挡不了你内心的冲动。

那人痴痴的笑，

和凝望新娘的目光，

如此真实而静谧，

在狂风中，在暴雨里，

舞动，舞动，

从未停止。

我必须离去，

或将永远飘散在这风里，永远。

我和盖伊之所以能有如今的婚姻关系，完全是基于当初决定携手一生时，便给了彼此全然的承诺，决心要缔造一种令两人都满意的婚姻关系，绝不退缩。四十年来，我们从两人的相处中整理出一套教导夫妻、情侣如何营造和谐有爱、既完整且务实的两性亲密关系的教材。

——凯瑟琳·汉德瑞克

第一章 | 无意识的爱

爱情对我们很多人来说是一种既甜蜜又痛苦的体验。每个人的内心深处都有强烈的渴望，希望自己和另一半之间没有猜忌、和谐美满、无话不谈，双方的情感不断升华，有更多源自内心、富有创造性的表达。这种渴望是一种良好的亲密关系。但与此同时，由于受到过去生活的种种羁绊，我们的内心也存在着无意识的爱。过去40年里，在男女情感问题上我们一直不断探索。在与3000多对夫妻、恋人共同努力后，我们最终发现了阻碍人们获得理想爱情的关键问题所在。因此，我们总结了一套能帮助人们一步步获得有品质的爱的方法，以及影响恋人亲密关系的几大关键点。我们愿意将这些研究成果整理成书，希望能帮助更多的人。

无意识的爱会让我们和爱人之间产生隔膜，耗尽我们爱的力量，让我们找不到爱的感觉，最终变成最熟悉的陌生人。知晓爱情的秘诀，拥有觉醒的亲密关系，恋人们才能互相扶持，携手共进。这本书将带领我们发现自身潜能，找到并克服亲密关系中可能出现的无意识的爱的种种表现。

这本书的内容不仅适用于夫妻双方，也同样适用于任何亲密的关系。即使你的伴侣并不那么配合，只要你肯实践，也会取得很好的效果。甚至有人目前还没有伴侣，读后也会有很多收获。很多找我们咨询的人最初还是单身，可当他们慢慢践行书中的理念，发现自身的问题后，都成功地找到了与自己共浴爱河的知心伴侣。对恋爱中的两个人而言，如果有一方能主动出击，做出改变，两人的关系也会随之发生意想不到的变化。不要试图等待另一半先做出改变，这种坐等别人改变的做法就是无意识的爱的表现。按照自己对爱的承诺，继续实践爱的诺言。如果你的另一半也愿意一同努力，那么你们的关系就会变化得更快。

以我和爱人的亲身经历为例，我们的爱情之旅也不是从一开始就顺风顺水的。出了问题我们会反思，结果发现在扮演夫妻角色的过程中，很多时候我们都在践行无意识的爱。我们两人都来自不健全的家庭，对这样的家庭生活可谓再熟悉不过了，当我们二人组成新的家庭后，又不自觉地将父母很多不好的习惯带入自己的家庭生活中。其实，如果你出生在有问题的家庭中，除非十分幸运，否则多多少少都会受到父母的影响。我们不想重走父母的老路，希望能够做出改变。经过不断地探索之后，最终我们惊喜地发现，原来**爱情是可以激情不断、长久保鲜、和谐美满的，要做到这一点，两个人必须不断地给情感生活注入活力和创造力**。我们觉得，与其把精力浪费在无谓的夫妻矛盾上，还不如静下心来做点有意义的事，写写书，上上课，开研讨会，做义工，努力建造幸福的家庭。这样做了以后，慢慢地，我们变得比以往任何时候都更知晓如何爱对方，如何表达爱，我们的情感生活也越来越富有创造力。后来，我们把处理情感生活的经验与很多夫妻、恋人一同分享。让人欣慰的是，在经过很多努力之后，他们的情感生活也由原来的过度依赖变为相互扶持、携手共进，充满新鲜与惊喜。正因为如此，我们才想将这些故事、经历整理成书，让更多处于情感困惑中的恋人们受益。

本该甜蜜，为何总与痛苦相伴？

对情感问题的探索缘于多年前我们对自己的追问。比如，亲密的两性关系本该让人甜蜜幸福，可为什么还总有痛苦相伴？我们做了什么才会这样痛苦？我们忽视了什么？如何才能让爱多一点，让痛少一点？问题的答案往往不遂人愿，与我们期待的相去甚远。有时候，我们太冥顽不化，不愿接受只有历经阵痛才能脱胎换骨的事实。如果能够下定决心做出改变，我们终会得到理想的爱情，甚至比自己预期的还要幸福美满。

很多人的原生家庭都存在问题，父母不是矛盾不断，就是尽力压制矛盾，逃避矛盾。我和爱人也来自这样的家庭，我们的父母就总在试图避免矛盾的产生。由此可见，**夫妻间的矛盾是普遍存在的，所以在学习转化矛盾之前，我们必须正视矛盾的存在**。这一点很重要，但我们绝不能止步于此。在亲密的两性关系中，虽然也会有摩擦、冲突，但这绝不意味着冲突与矛盾是不可避免的。这本书就是要教会人们如何有效地解决两性间的冲突与矛盾。

用对方法能让爱唤起正能量

爱情能产生无穷的力量。如果不知道如何使用这种力量，恋人间就会矛盾不断，互相拖累，最终走向痛苦的深渊。我们要知道，所有这些矛盾和痛苦，究其本质都是由我们内心深处对爱的抵触造成的。爱情能照亮人们心中最为隐蔽的地方，给我们内心最柔软、最不为人知的角落带来温暖的光。但人往往就是这样，一旦要将隐藏已久的内心开诚布公地展示于人，就又开始打退堂鼓，埋怨起爱情和那个爱你的人来。读了这本书你会知道，原来**我们可以用一种完全不同的方法**

去爱，有了这种方法，爱情就能永葆新鲜，恋爱中的双方也能始终充满正能量。无论你此时是正被另一半折磨得痛苦不堪、无处可逃，还是为单身落寞的自己感到郁郁寡欢，都可以从现在开始做起。慢慢地放飞心灵，你就会尝到自由和成长的快乐。

这本书还介绍了两性相处的一些主要概念，为了让读者更清晰明了地理解这些概念，我们附加了很多事例。（这些例子都是生活中的真人真事，出于对所涉人员隐私的保护，故事中的人名和身份已做了适当的修改。）另外，本书最后还列出了 37 个可以让觉醒的亲密关系成为现实、收获高能量亲密关系的具体做法。

感谢大家愿意同我们共同开启这一旅程。以我们的亲身生活为例，和爱人的相知相恋让我们的生活变得丰富多彩，充满了惊喜和新奇的体验。我们希望正在读这本书的朋友，也能在与另一半的相处中发现新的自我。如果你愿意接受新的概念，做出改变，这就是良好的开端。最有创造力、成长最快的人往往是那些愿意抓住一切机会了解自己的人。有了学习的意愿，人们才能成长。

无意识的爱最典型的表现——过度依赖

无意识的爱最典型的表现就是过度依赖。"过度依赖"这个词最早出现在对酗酒病人的治疗中。医生们发现，这些嗜酒成瘾的病人大多来自对酗酒态度宽容的家庭。他们的另一半也许并不喝酒，但另一半默许的态度让酗酒病人误以为喝点酒不算什么，也不需要为此做何改变。他们喝来喝去，直至酒精中毒才到医院接受干预治疗。这就是酗酒问题上的过度依赖。实际上，生活中的各个方面都存在这种关系。我们相信，会有越来越多的人关注两性情感中的这种过度依赖关系。

什么是过度依赖

过度依赖是恋爱双方在无意识的状态下达成的一种固定相处模式，是一种无意识的协议。"携手共进"则是一种有意识的相处协议。字典里查不到"过度依赖"的相关定义，但是"依赖"这个词却有好几层意思。根据字典，"依赖"的注释有：（1）低垂；（2）由其他事物决定；（3）依赖他人生活；（4）附属于他人。由此可见，在两性关系中，当一方的行为由另一方决定，或者一方依赖另一方的态度、看法而继续自己的不良习惯，或者一方从属于另一方而不顾自己内心的真实感受时，"过度依赖"模式就形成了。而字典中的第一个义项"低垂"则更引人深思，因为与"过度依赖"相伴而来的就是压抑、自我迷失。

过度依赖带来的并不是所谓的爱情，而是无休无止的瓜葛与纠缠。**两个人只有在平等的关系中才能获得真正的爱情，不平等恰恰是过度依赖的典型特征。**字典里把"纠缠"定义为"互相缠绕或让人烦恼不休"，就像一张大网，让人无处可逃。也就是说，当两个事物紧紧缠绕在一起，彼此都失去自由的时候，问题就找上门来了。如果换成人与人之间的相处模式，这就是我们说的过度依赖了。这也是相处双方或多方无意中形成的一种共识，限制彼此的自由与潜能。这种共识的基本出发点就是：如果我允许你在生活中时不时地做做梦，那等轮到我开小差时，你也不能说什么；如果我同意按部就班，不讲什么变化和成长，那么我们两个就都不用再为这事费力劳神了；如果我能容忍你的不良习惯，没有整天唠唠叨叨，那么你就不能因为忍受不了我的某些习惯而指责我，或者对于我的一些坏毛病，你也要同样忍受。诸如这样的共识，无论具体内容是什么，都不会有什么真正意义上的好处。在纠缠的状态下，谁也不能获得真正的快乐，只能是稀里糊涂过日子罢了。

过度依赖不是真正的爱情

前文说过，只有平等才能产生爱情。而恋爱双方也只有在保留完整自我的前提下，才可能体会到真正的情感。如果有谁在恋爱中丢失了自我，那找上门的只会是麻烦和问题。举个简单的数学例子：如果用1/2乘以1/2，那么得到的只有1/4。也就是说，如果不能在恋爱中找到完整的自我，反而在有意无意地限制或被限制各自的潜能，那么最终得到的只会比原有的还要少。这就是过度依赖模式的问题所在。通常一旦两性关系出现问题，人们就会责怪爱情，觉得恋爱如何使人烦恼、痛苦。怪来怪去，直到多年以后大家才发现，过度依赖这种关系本身就不是爱情。真正要怪的是两性相处过程中某个无意识的瞬间，正是这一点星星之火，给他们后来的相处带来了无穷的烦恼。本书的后续章节会着重探讨这个无意识的瞬间。

过度依赖是控制欲和渴求认可的体现

过度依赖的另一个表现就是成瘾。这种成瘾并不是指酗酒和药物依赖，很多有过度依赖关系的人对酒精和药物并没什么兴趣，他们上瘾的是更为细微、不易察觉的东西，那就是控制欲和对获得他人认可的欲望。这种瘾比酗酒和药物滥用等物质成瘾更难戒，存在的时间也更长。曾经有人就是因为这个问题找到我们咨询、治疗。经过一段时间的康复训练，在一次交流会上，这个人一针见血地指出了自己的问题和当时的感受。他说："我现在突然觉悟了，就是那种灵光一现的感觉，这种感觉以前从来没有过。以前我整天就想着怎么要求别人，让别人给予我想要的东西，或者让别人喜欢我。我从来没有这么静下心来思考过。"其实这正是他对自己的一个重大发现：**当我们摆脱了自己**

的控制欲，不再一味地寻求别人的同意和认可，**我们就能清楚地体验到内心深处那股最朴素的力量**。相反，如果我们总是试图控制自己或别人，千方百计地博取他人的欢心，这种力量就会被茫茫的欲望之海所淹没。所以，不要再执迷不悟了，学着爱自己，找回那个最自然、真实的自己。

控制欲和博取他人欢心也是一种瘾。以酒瘾为例，戒酒时不喝酒只是整个康复过程的开始。一旦不再喝酒，那些曾经在酒精麻醉作用下可以暂时逃避的问题又重新一股脑儿地跑出来，此时真是无酒也更愁了。幸运的是，不再喝酒后，你会发现身体里有另一种神奇的力量苏醒了，我们可以运用这种力量来应对那些问题。如果你愿意，请尝试着不再控制别人，不再把生活的重心放在获取别人认可或是避免他人的反对上。卸下所有的欲望和伪装，轻松真实地活一天，只要一天就好。如果感觉不错，以后也可以时不时地进行这种一天的修行。很多人都这么做了，而且做得很好，所以我们相信你也一定能做到。慢慢地，你就会发现自己身上有一种完全不同的可爱品质，而这正是你之前千方百计求取的。一旦有了这个发现，你和爱人之间就会随之发生神奇的变化。

很多情况下，主导两性关系的不是爱情，而恰恰是这种不该出现的控制欲和对认可的渴求。下面即为典型例证，这是一对夫妻在刚开始进行婚姻问题咨询时的对话：

治疗师：这个星期感觉如何？

妻　子：我很困惑，很压抑，不知道怎么办才好。

丈　夫：瞎说！你怎么能困惑、压抑呢？

在这个对话中，丈夫表现出的就是典型的控制欲。他其实想说：

"我可没想让你压抑、困惑。"很多时候，我们试图控制别人的做法并没有这么明显，不那么容易察觉。

有时候，就连我们戒瘾的过程也在不知不觉中变成了一种操控。我们另有一位客户嗜酒如命，有事没事总喜欢喝两口。婚后第五年，妻子实在无法忍受他这个酒鬼了，下了几次最后通牒，可他还是照喝不误。最终妻子忍无可忍，离开了他。直到这时他才痛心疾首，下定决心不再喝酒。好像是一夜之间，他从一个酒鬼变成了模范公民，成了人人学习的榜样。他的确不喝酒了，加入了嗜酒者互戒协会，还是个活跃分子。两个月后，他再次找到妻子乞求原谅，希望她能重新回到自己身边。"你看，这回我彻底改好了。"他说。"你是改了，"妻子说，"可是你早干吗去了？我离开之前你怎么不改啊？你是真的想明白了，真心不想再喝酒了吗？我看你是为了让我回去，才装模作样不喝的吧！我太了解你了，你的话鬼都不信！"听到妻子这么说，他气疯了，摔门而去，当晚又喝得酩酊大醉。

希望获得别人的认可，避免反对意见，这种想法也是过度依赖的显著特征。我们有一位认识的女士讲述说：

> 以前我压根不知道要爱自己，要对自己好，整天想着如何让别人喜欢自己，不讨厌自己，结果做了很多自己并不喜欢的事。这个问题在我和异性相处时尤为明显。他们中有人会对我提出要求，甚至包括发生性关系，我都不顾自己的感受取悦他们，想尽力给他们留下好的印象。可结果往往事与愿违，每次我都搞得一团糟。他们也不可能再喜欢我，我们的关系也只能告吹了。真是越怕什么就越来什么。

这就是过度依赖模式的实质：**我们总是为了控制他人或者博得他人的认可而做事，忽视内心的真实感受，最后得到的反而是自己最不想要的。**

你也是过度依赖模式的一员吗？

检查一下自己在与他人相处时，是否也有下面这些问题。如果有，请在括号内打√。

- 不管你怎么努力，身边的人始终改不掉自己的恶习。　　　　（　）
- 试图控制别人的感觉。如果有人心情低落，你总觉得是自己的错，总想冲过去逗他开心。你似乎比他们更在意他们自己的感觉。　　　　　　　　　　　　　　　　（　）
- 有秘密，试图在别人面前掩盖自己做过或者没做过的事。　　　　　　　　　　　　　　　　　　　　（　）
- 掩饰自己的真实感受。在你身上似乎看不到愤怒、恐惧或伤心。承认自己生气了似乎比要你的命还难；让你向别人说出自己不爽的感受，你好像都不知道如何开口。（　）
- 喜欢批评别人，同样也被别人批评。你好像中了批评的魔，不开口说人就难受。即使在开开心心的时候，你也嘴不饶人。　　　　　　　　　　　　　　　　（　）
- 试图控制别人的生活方式，而你的生活也经常处于被控制和摆脱控制的状态。　　　　　　　　　　　（　）
- 争论的永远是车轱辘话，反反复复没有结果，最终以一方道歉并许诺以后会做得更好而结束。　　　　（　）
- 与人争论时，争来争去的肯定是到底是谁的错。争论双方都在挖空心思证明自己是对的，对方是错的。　（　）

- 争论中，你总是扮演受害者的角色或者总觉得是自己的问题。 （ ）
- 明明不愿意做的事却不拒绝。做了以后心里不舒服，可嘴上又不说。 （ ）
- 别人似乎很难和你达成共识。 （ ）

上面罗列的种种表现，你中招了几个？在工作中，我们也见到很多人身上有这些问题。在稍后的章节中，我们还会讨论过度依赖模式中的其他一些特点。

觉醒的亲密关系

如果相处的双方或多方能够互相支持，允许彼此保持完整的自我，那么这种关系模式就是我们所说的觉醒的亲密关系。在这种模式下，每个人都有机会挖掘自身潜能和创造力。携手共进的两个人能够完全为自己的生活负责，也欣然接受由此带来的结果。事实上，如果两个人都勇于承担责任，就没有受害者了。没有受害者这个角色的出现，两性关系中的冲突和矛盾也就无从谈起。这样，两个人就不用把精力耗费在毫无意义的吵架拌嘴上，而能留出更多的力量去爱，爱得更有滋有味。

说实话，单从吃喝玩乐来讲，人世间的享受和体验我们也没少经历，但名山大川也好，山珍海味也罢，都比不上两个人互谅互爱地过日子。虽然我在前面说过，能真正达到这一境界的人很少，但也不要被我的话吓倒，这其实比我们想象的要容易，有时候可能就在眼前，只是我们看不见。为什么呢？要想弄清楚这个问题，我们就得回忆一下童年生活，看看是否发生了一些连我们自己都记不太清的事。

童年时代就已生根发芽的无意识的爱

小孩子都离不开人，和身边的人关系都很亲密，尤其和母亲最亲，因为母亲不仅给予我们身体成长的滋养，还带给我们智慧的启蒙。如果有人在很小的时候没能和身边的人建立起亲密的关系，那么长大后他在与人相处时就会麻烦不断。

我记得有一位50多岁的男子找到我们寻求帮助。他说自己从来没和女人有过亲密的关系，他已经有14年没碰过女人了，连拉手的机会都没有。我们问他小时候和母亲关系如何，他说不记得了，只这简单的一句，他便匆忙转换了话题。我们觉得事情肯定没有这么简单，稍后又把话题转到他的童年生活上。后来我们才知道，原来他是个弃婴，出生没几天，母亲就把他扔在医院里，自己偷偷跑了，自那以后，他再也没见过自己的母亲。所以别说别的女人，就连他自己的亲生母亲都没有抚摸过他。他被母亲抛弃的几个星期后，一个亲戚来到医院把他抱走了，后来这个亲戚又把他扔给另一位亲戚抚养，他就是这么长大的。

虽然这个例子有点极端，我们大多数人不会遭逢这样的身世，但很多人在童年时期就留下了或大或小的创伤，让他们从小就难以与人亲近。

童年创伤的影响

盖伊 6 个月大时发生了一件事，这件事一直影响他与人交往的方式，直到 30 多岁他才真正明白如何与人相处。他记录道：

我在和异性相处时，总有一道坎儿过不去，这道坎儿在我 17 岁初恋的时候就出现了。一开始我并不知道到底是怎么了，直到 30 多岁我才突然明白问题所在。我和女孩子交往的时候，一开始总是很甜蜜、很幸福，对这份感情也很有安全感，可不久之后，我就担心自己会被对方抛弃。一旦有了这种担心，我就变得古怪起来，甚至不可理喻。有时候我会无端地指责对方要离开我，有时候我会先发制人地抛弃对方，这样她就没机会抛弃我了。

尽管有很多人指出我身上的问题，可我依然我行我素，不愿意思考自己到底是怎么了，自己的行为是否和过去的生活经历有关。我把责任都推到交往对象身上：都是她们的错！女人就是这样！现在我成了一名治疗师，从专业的角度看，现在发生的一切都是我过去生活经历的一种条件反射。从这件事上我明白了一点：千万不要低估人下意识的力量。

发现问题的根源后，我也释然了。其实故事是这样的：从我出生后是母亲在照顾我，当时我们应该是形影不离的。不久父亲突然去世，家里的经济状况急转直下，迫于生活的压力，母亲在我 6 个月大时开始出去上班，于是我不得不待在外婆家，成了"留守儿童"。我吃的也不再是母乳，换成了奶粉。显然，母亲突然不再每天守护我，我肯定伤心极了，一连几天都哭个不停。外婆为了不让我哭，就往我的奶瓶里加糖和香草。就这样过了半年，我彻底吃成了个小胖子，从那以后体重问题就是我挥之不去的痛苦了，直到30多岁才渐渐好转。其实我以前要比现在胖100斤左右。一难过伤心，我就开吃，而且总是毫无顾忌地吃香草味的冰淇淋。

现在重新看这件事，我发现自己小时候在和母亲相处的过程中产生了一种被抛弃的焦虑。长大后每当我和异性相处时，这种焦虑就会冒出来，不过显然那个时候我对自己还不够了解，不知道自己的问题是缘于这种焦虑。所以我才疑神疑鬼，总觉得对方想要离我而去。即使有些女人一点想离开我的意思都没有（直到我没完没了地用各种稀奇古怪的行为把她们逼疯），我也会这样担心。也是出于这种担心，我开始注意选择约会对象，专挑那些依赖感很强，需要别人呵护而不会主动甩人的女生。但无论与什么样的女生交往，我还是担心，还是不快乐，这给我和他人带来了无尽的苦恼。直到我开始正视自己的问题，意识到内心深处的焦虑，才不再与异性交往时胡乱猜忌了。这个问题解决后，我遇到了凯瑟琳，之前的焦虑再也没有出现过。

过度依赖就是下意识地答应对方出演生活中彼此需要的那个角色。这种关系的潜台词就是：如果你不要求我改变不良的生活方式，那么我也不要求你改变；如果你同意我把童年的生活投射到你的身上，那么你也可以把你的经历投射到我的身上。这样做看似公平，但两个人并不会感到幸福，过不了多久问题就会出现，相处的双方也开始互相埋怨，纷纷指责对方。

要亲密有间

在亲密的两性关系中，我们有两种本能的需求：**亲密性和独立性。**男女双方因爱而彼此没有芥蒂，好得像一个人似的。可有时他们也要保持一定的距离，给彼此独处的空间，这样才能越来越亲密而不至于慢慢生厌。所以，良好的两性关系其实就是亲密性和独立性的完美结合。这两者缺一不可，如果相处中出现了什么问题而致使这两个需求不能得到满足，那么恋爱双方就要坐下来好好谈谈，找出解决问题的方法。

在过度依赖的模式中，人们并没有亲密和独立的概念。两个人互有好感，正要建立亲密的两性关系时，却总对过去情感经历中的挫折不能释怀。这么说吧，由于他们在情感上受过伤害，再次建立亲密的两性关系对他们而言其实是有顾虑的。这种顾虑也许早在童年时期和父母相处时就埋下了种子，成为一种创伤。所以一旦与他人亲密交往，他们就开始担心，这种担心又导致对痛苦的预期，而一想到痛苦，出于对自己的保护，他们就开始打退堂鼓，不想再和谁亲密了。通常问题出现的时候，他们也是互相指责："本来我一个人挺好的，后来认识了你感觉就不好了，这肯定是你的问题啊！"

其实这些问题产生后，真正要做的是沟通，诚恳地告诉对方自己的感受，给予彼此空间进行修复、放松、找回自己。觉醒的双方就是这么做的。可是在过度依赖的模式中，有了问题大家都视而不见，更不用说要沟通了。他们整天忙的是让对方意识不到问题的所在，因为一旦有谁意识到了，游戏就结束了。

敞开心扉带来的问题

很多人在与他人建立亲密的两性关系时，都会有这样的感受：

- 我配不上他 / 她。
- 我还没彻底走出上一段感情的阴影，还有些耿耿于怀。
- 我这个人就是有问题。
- 一旦对别人敞开心扉，我就会失去自我。

在这些想法的支配下，人们往往会做出如下的破坏性举动：

- 不告诉对方真实原因就单方面退出。
- 臆想一些对方身上或感情中的问题，借以堂而皇之地退出。
- 变得麻木了，对什么都没有感觉。
- 逃避现实，满脑子都是依恋过去或幻想未来，不切实际。
- 生病了。
- 出了意外。
- 开始争论不休。

以上列举的只是最普通、最常见的表现，当然还可能有其他表现。

保持距离也会产生问题

我们说处于过度依赖关系中的两个人在慢慢敞开心扉的过程中会产生很多问题，其实如果让他们保持一定的距离，同样会产生很多问题。我们姑且用"跳舞"来打比方。跳舞时两个人要搭肩搂腰，靠得很近，一曲终了就要暂时分开，休息片刻。这个过程中靠近彼此和保持距离都很重要。换作人与人相处，与人建立亲密的关系和保持独立的自我空间就很重要了。因为人既是群居动物，也是独立的个体。如果说与他人建立关系的能力至关重要，那么个人的独立发展也不可或缺。但通常，我们在自我发展、保持独立的过程中会遇到很多问题，比如：

- 伴侣离开我，我总有一种被抛弃的感觉。
- 我觉得无力照顾自己。
- 我不敢自己冒险。
- 他／她如果真的爱我，就肯定想时时刻刻和我厮守在一起。

这样的问题一旦出现，我们同样会做出如前文所述的破坏性举动。有时候，两个人相处就是要有自己的空间，学会独立自主。可我们却在问题出现的时候自暴自弃，生病、出意外，或者开始毫无意义的争论，然后以此为借口来掩饰对独立的恐惧。

大梦初醒后的震惊

有时候我们会突然意识到，自己总是在用某种特定的方式与人交往。一旦这么清醒地认识自己，我们就会陡然生出对自己失望和不知所措的感觉。这就好比打开一个已经用了二三十年的柜子，乍一看觉得天啊怎么会这样。等把灯打开可以看得更清楚的时候，你就不只是惊讶了，郁闷、烦躁通通都跑了出来。所以很多人在面对这种情况时，第一反应都是："我能假装没看见吗？"答案是：不能，这样做是危险的。我们一旦认清了状况，再假装看不见就很难。但也不要绝望，只要有一颗学习的心，我们还是有办法来改变这种现状的。改变的过程可能很有趣，很愉快，也可能会痛苦，但一切都是值得的。

无意识的爱是怎么开始的？

前文我们提到，在与他人相处时我们的关系之所以会变得复杂，让人不开心，主要是因为我们在某一个瞬间做得不对。现在我们就来仔细研究一下这个瞬间，等下次这个瞬间再出现，我们就不会再犯错了。为了方便起见，我们暂且把这里的"关系"定义为"爱情"，所举的例子也都是与两性情感有关。但请大家注意，我们一直在说这本书里的一些相处之道适合人与人之间的所有关系，而不仅仅是两性关系。

亲密的两性关系一般会经历如下几个阶段。

短暂的浪漫

热恋阶段就像唱情歌一般美妙而富有激情，时而低声浅唱，时而欢欣雀跃。身处这一阶段的人像中了什么魔法，看对方什么都好，做什么都对，而你自己也突然觉得眼前一片光明，生活充满无限可能。说来也对，在过去的十几年或者几十年里，你一直在心底暗自设想自己的白马王子或白雪公主是什么样的，突然有一天，这个人就活生生地站在你的面前，你怎么能不眩晕呢？也可能这个人并没你想象的那么完美，但你被幸福冲昏了头脑，恋爱中的人都是不理智的，所以管他呢，反正你是飘飘欲仙了。你的每一次怦然心动，都随着血液循环把幸福激素内啡肽带到身体的每一个角落，你的生殖系统也在添油加醋地说："就是他／她了！"曾经在一次研讨会上，有人问这种状态能持续多久，我们的回答是："可能是 6 分钟，也可能是 6 个月。"虽然这么说有点开玩笑的意思，但这个答案还是有科学根据的。很少有人能让这种热血沸腾的状态持续超过 6 个月，因为短暂的浪漫终究敌不过一些不可避免的问题。

浪漫后不可避免的问题

在和恋人甜蜜浪漫的同时，你性格中的缺陷也慢慢地显露出来。在以前的情感经历中，你对自己的问题或多或少也有些了解。新的伴侣出现后，这些问题又都浮出水面了。这是不可避免的，你也没有办法改变。与此同时，那个你整日为之眩晕的白马王子或者白雪公主也开始变得不那么可爱了，不是这儿不好就是那儿不对。这时候你就得做出选择了，如何选择也决定了你们之间关系的最终走向。到底人的性格中有哪些缺陷，把两性关系搞得这么复杂呢？下面我们就来说一说。

> **•信任问题**
>
> 人对外界的信任一般在 1 岁以前就形成了，但信任却成了很多成人在与他人相处时普遍存在的问题。和他相处安全吗？我能相信他吗？他会不会离开我？他们给我找了这么多麻烦，我还能相信自己内心的感受吗？

• 权威问题

两三岁的时候，孩子的头脑中有了"权威"这个概念，从此"权威"就在我们生活中无处不在了。谁也没权力对我指手画脚！怎么才能逃脱惩罚呢？这点小事不会伤害任何人的，是吧？

• 自尊问题

与人关系越亲密，就越容易丢失自我。一旦我们把自己全身心地交付给另外一个人，就有点任人摆布、听从发落的意思了。有时候，只是一个简单的眼神，就把我们瞥得自尊全无。这时我们就开始问自己："我真有那么好吗？他爱的是我这个人吗？和他在一起我配吗？"每当和别人的关系更进一步时，这些有关自尊的问题就一股脑地全跑出来了。

• 长期压抑的情感

很多人和我们说："单身的时候感觉自己脾气挺好的，恋爱以后才发现，原来自己也是个暴脾气的人。"为什么一恋爱自己就变成另外一个人了呢？由此可见，亲密的两性关系可以将我们身上不为人知的消极一面展现出来，而且这种力量还不可小视。当然，爱情也会让我们展现自己最好的一面，带给他人和自己愉悦与幸福。为了更长久地享受这种幸福，我们必须知道如何处理这些负面情绪。

• 性爱问题

我还有希望获得理想的性爱体验吗？我怎么就不能按照自

己的意愿来行男女之事呢？为什么我跟眼前这个人在一起时，脑子里却时常幻想和别人发生点什么？的确，性就像一个奇妙的舞台，人们在这个舞台上演了一幕幕让人意想不到的戏。有的人从性爱的美妙体验中获得超凡灵感，写下了最为圣洁的诗篇，而有的人在"性爱怒火"的影响下，变成了残忍的杀人犯。当两性关系足够亲密，性爱问题就出现了。这个时候，恋爱双方就要诚恳地表明各自的心迹和困扰。要始终记住，不沟通就无法解决问题。那些为人称道的模范夫妻也都是彻底解决性爱问题后，才能过得如此和谐美满。应该说，完美的性爱体验是两性关系的黏合剂。

当以上问题不可避免地出现在两性关系中时，我们就到了下一个阶段。

问题出现后如何选择

两性关系中这样那样的性格问题开始显现后，我们就要面临很多选择，而选择的好坏会直接决定两性关系是走向"觉醒"还是"过度依赖"。我们暂且将"好"的选择定为 A，"不好"的选择定为 B。如果选择 A，你就得努力弄清这些问题产生的原因，如果是自己的问题，就要勇于承担责任，真诚地告诉对方你的真实感受。慢慢地，你会接受甚至爱上自己身上原本不太可爱的一面。这样沟通之后，你会发现整个人都变得轻松了，好像有什么新的力量释放出来，你和爱人的关系也会得到进一步的升华，变得更加亲密。这就是选择

A 的结果。

如果选择 B，我们就把自己推向了"过度依赖"的相处模式。这种选择的通常做法是，虽然性格问题已经在两性关系中表现得很明显，但双方并没有想办法去解决，而是尽力把这些问题隐藏起来，对问题视而不见，不说实话，开始隐瞒、退缩和投射。

> •**隐瞒**，指压抑自己内心的真实想法，不做明确表达。比如明明气得发疯，你却要尽力克制怒火；明明心里想要什么，可嘴上就是不说；明明内心有愧，表面上还像没事人似的。
>
> •**退缩**，指不愿意再继续与人交往。即使内心感到孤独，还是执拗地拒绝别人的邀请。人家主动找你，你却拒人于千里之外。
>
> •**投射**，指把自己一些下意识的想法安在对方身上。举个例子：你突然对别的异性有好感，却不把这种想法告诉另一半。不知道为什么，你总觉得你的另一半也对别人有不轨之心。

可以说，选择 B 的例子在生活中比比皆是。如果你想看，随便找一个肥皂剧就是了，不出十分钟，诸如下面这样的典型对话就出现了：

玛利亚：马克竟然和莉蒂亚一起喝咖啡，真是气死我了！他俩肯定有事！

维罗妮卡：你跟他谈了吗？

玛利亚：当然没有啦！我可不想让他知道我有什么心事。婚礼没几天了。

维罗妮卡：你觉得马克会不会猜到你和兰德尔有事了？

（前一天玛利亚和兰德尔在医院洗衣房里偷情来着。）

玛利亚：不可能，我不会告诉马克的。这事就是一时冲动而已，说明不了什么。

我们来仔细研究这一幕。玛利亚出轨了，在洗衣房里和兰德尔有了肌肤之亲，但她觉得这"说明不了什么"，因此向未婚夫隐瞒了这一事实。事后不知为什么，她开始觉得未婚夫和别的女人——莉蒂亚，也有暧昧关系。当然，她把这种想法也隐藏了起来，不想告诉马克。也许玛利亚说对了，马克和莉蒂亚之间的确有不可告人的秘密。但就算真是这样也不重要了，因为玛利亚永远不会看到事情的真相，除非她学会说出自己的真实感受，不再将想法投射到他人身上。总是这么掖着藏着，不沟通交流，总用自己的想法去揣度对方，头不疼才怪！

下意识的协议

一旦选择了 B，接下来能做的就十分有限了。要么你因为始终压抑内心的真实感受而痛苦不堪，最终忍受不了而与对方分手，即使不分手你也没有力气再爱，心死了只剩躯壳，和分手也没什么两样。要么你和对方达成某种协议，继续维持彼此的关系。一般这种协议会包括如下几个方面：

> •生活中有些事就得视而不见。
> 这其实是鸵鸟式的处事原则，两个人都把头埋进沙子里，假装没看见。烦心事是少了，可是视野也变窄了。这么做说到底是想让彼此都做一只傻鸵鸟，谁也别把事情看得那么清楚。

· 你不改我就不改。

这条协议的私心就是双方都保持原样，谁也别做任何改变。这是因为两个人都害怕改变，因此形成结盟关系，共同抵抗可能发生的变化。

· 管他什么问题，今朝有酒（食物或者药物）今朝醉吧。

两个人的关系出现问题时，我们似乎更倾向于从某些吃的、用的东西那儿来寻求安慰。物质的丰富的确给我们带来了很多可以暂时逃避现实的方法。超市货架上摆满了精致香甜的奶油制品、烟酒、各种药物，想要自暴自弃还愁没有办法吗？但这些东西顶多只能暂缓你的情绪，绝对不会让问题消失。它们只能转移你的注意力，根本解决不了实质问题。

· 理性归你，感性归我。

多年来，我们为很多对夫妻都做过咨询，里面就有一些理性的工程师丈夫和极为感性的妻子。这种组合是把理性思考和感性认识进行明确分工的典型例子，这倒不是什么坏事。就像一个人负责理财，另一个人负责给孩子读床头故事一样，这种分工没什么不好。但在很多这样的组合中，夫妻双方却在不断地指责对方，他嫌她太神经质，她说他太古板，是个冷血、毫无感情的机器人。

有了这种无意识的协议，两个人的关系尚能维持，但代价很高，他们错失了可以互爱互助、相濡以沫地共度一生的机会。

收　获

如果选择了 A，你和对方的关系就更亲密了。这是一种更高级别的亲密，此时你对两人的关系有了更多的认识，也可能在相处的过程中发现了新的灵感。两性关系在建立的最初两年里，一般都要经历一个磨合期：相恋总会让人感觉甜蜜幸福，两人的关系也日趋亲密，但以往生活中旧有的人际相处模式和感受也会时不时地跑出来捣乱，于是摩擦出现了，双方就得设法解决这些摩擦，从而使两人重归于好。随着两性关系渐趋稳定，旧有的相处模式出现的几率也在减少，两性双方的冲突也减少了，自然就有更多的时间和精力来探究如何携手共走人生路了。

如果选择 B，两性双方也会经历这样一个磨合期：问题出现了就得赶紧灭火，或解决，或隐瞒，或达成另外的协议。如此反复之后，双方也能找到一种"相安无事"的相处模式，来维系二人的关系。但两个人丝毫没有激情和活力，最终爱情也就慢慢枯萎凋零了。其实大部分来咨询的人，他们的问题都出现在与对方达成的协议上。他们误以为在两性关系中，有些事情就要睁一只眼闭一只眼，这样才能让爱更持久，才能拯救两人的关系。其实他们错了，所谓躲得了初一躲不了十五，有些事是一定要解决的，否则迟早要出大问题。就比如找我们咨询的一对夫妻，很多年来他们就因为一件事而吵个不停，最后闹到要分手的地步。他们之间的相处模式很典型：两人儿时都有受虐的经历，痛苦的童年生活使得他们心中一直有一股怨恨无处释放。当这种怨恨转而在两性关系中显现时，他们并不认真反思问题的根源在哪，却始终以双方达成的协议为根据来相处，即男方总是对的，女方要顺从示弱，从而维护夫妻关系的稳定。因此两人一有争端，都是女方主动道歉，承认是自己的过错。可往往过不了两天好日子，就又是狂风暴雨了。

觉　醒

这一阶段满满的都是收获，这是对自己和对方做出承诺的回报。你会发现之前自己做出的种种努力都没有白费，大家都说爱情有保鲜期，可你们却越爱越有感觉，总会在爱中发掘更多新奇的想法。的确，当我们诚恳地与对方交流，不再掩盖内心的真实感受，我们的整个身心都会轻松许多，这对心灵来说是一种解放。心灵自由了，灵感和创造力就产生了，很多想法迸发出来并被付诸实践，两性双方似乎没费多大力气就轻松实现了彼此对爱的憧憬。与此同时，你们扩大了社交圈，良师益友也渐渐多了起来。

"过度依赖"关系中的两个人总是对过往的种种不能释怀，时时受到旧有的相处模式和彼此无意识协议的束缚。而在觉醒的亲密关系中，两性双方则是手拉手共同面向未来。至于如何达成并维系觉醒的亲密关系，我们将在第四章中揭晓。

过度依赖会导致的关系误区

如果两性在相处中反复使用过度依赖这种模式，两人的关系肯定会陷入一些常见的误区。下面我们就从前来咨询的夫妻、恋人身上选取一些这样的例子。本书的第三章也会对两性相处过程中的九大误区做进一步的说明。

眼睁睁看着他人变得越来越糟糕

艾伦吃起东西来毫无节制，安德鲁其实很看不惯她这样，但他忍了，把不满和不解都藏在心里。在他们交往的最初几年里，艾伦的体重飙升了50多斤，安德鲁为此感觉很烦，却从不说什么。有时候艾伦也会问他是否介意自己身材走样，安德鲁还会开玩笑地说，他就是喜欢丰满一点儿的姑娘。有一天，艾伦抱怨说衣柜里没一件能穿得上的衣服，安德鲁再也忍不住，突然爆发了，他把积压了几年的怒气一股脑儿地撒了出来。艾伦吓傻了，她从没见过安德鲁这样。不过她还是希望听到安德鲁的真实想法，实话虽伤人但总比谎言要好。此后，艾伦开始改掉原本不健康的饮食习惯，几年下来，她的体重也恢复正常了。艾伦坦言，如果那次安德鲁不发火，她现在可能还是个胖子。

生活中我们可能常常陷入这样的误区，眼看着身边的朋友和亲人有一些不健康的行为，我们却一忍再忍，这无疑是一种纵容。

寻找支持我们自我堕落的朋友

我们有个朋友喜欢酗酒，喝起酒来总是没完没了，几年前终于把自己喝成了胃出血，人事不省地进了医院。等他神智稍微清醒后，妻子告诉他，自己厌倦了每天看着他喝酒，想与他结束婚姻。扔下这句话后，她扭头就走了。从此以后，他失去了那个能默许他喝酒的人。于是他翻出电话簿，开始给"朋友"打电话，请求他们给他往医院带酒。好多人都拒绝了，只有一个人愿意满足他。可他的胃还没彻底康复，不能承受酒精的过度刺激。于是他想到一个办法，将酒和橙汁兑在一起，并调出二者的最佳混合比例。生活似乎又回归正常了，直到一年以后，他的胃又出血了，比上次还要严重。他绝对不能再喝酒了，可面对未来十好几年无酒的生活，他在选择人生伴侣或朋友时必须擦亮眼睛，远离那些纵容他走向自我毁灭的人。

重走父母相处模式的老路

还有一种很常见的误区是重走父母相处模式的老路。举个例子，假设你的父亲身材魁梧，却不善言谈，常常受到你母亲的奚落。你长大成人后，突然有一天发现自己也成了父亲的角色，也常因默默不语而受到另一半的抱怨。其实很多找我们咨询的人，他们的根本问题都可以归结到重蹈父母之路上。他们在生活中上演了一幕又一幕父母的相处模式，心里却压根不知道为什么会这样。如果能意识到这其中的奥秘，那将是他们人生中最有意义的发现之一。

很多人都对父母的脾气、秉性或者相处方式不甚认可，可转来转去最终还是找了一个和父母性格差不多的人。这是因为父母们虽然不是完人，但我们恰恰从他们身上得到了最初的亲密、关注、爱和食物。他们也许会打骂我们，但也的确在哺育我们成长，时不时带给我们无穷的欢乐。慢慢地，我们下意识中得出一个结论，并将之深深地印在脑海里，那就是原来爱与痛是要并存的。我们在寻找伴侣的时候，也只被爱恨并存的这种关系所吸引。

有人曾这样向我们讲述他的情感经历：

真是忽冷忽热啊！起初交往的一个对象很文静，对什么事都是反应淡淡的，时间久了我觉得这样的人很无趣，就分手了。后来认识了一个热情火辣的，有什么事她的反应倒是挺激烈，可这回我又觉得她似乎反应得过了头，时间一长又受不了了，就想再回头找一个安静点儿的。这样反反复复，我足足折腾了七八回，真是痛苦！

经过我们的分析，他突然意识到，自己原来一直在找寻母亲的影子。他的母亲看似温柔恬静，内心却似乎总有一团浇不灭的怒火，几乎每个星期都要对他大喊大嚷一通。渐渐地，他幼小的心灵就留下了这样一种印象：爱与温柔、怒火同在。

关于父母影响两性相处模式的情况还有一些其他表现：专门找一个或做一个与父母性格完全相反的人。比如你的父母总吵架，每次不吵翻天不罢休，于是你找了一个性格温和的人，你们从不吵架。或者你的父母都不善言谈，于是你的择偶标准就排除了性格安静。或者你的母亲总是唠唠叨叨，告诉你这不对那不对，你烦透了，于是一定要挑一个没那么多是非对错的人做伴侣，哪怕是查尔斯·曼德森这样的"杀人魔王"，对方都不觉得有什么可指责的。或者你的父亲从来不给你零花钱，于是你一定要让自己的孩子随时随地不缺钱花。

其实这种非要与父母对着干的做法，也是生活在父母阴影下的一种反应。这种反应甚至比重走父母的老路还要痛苦，因为你要一板一眼地按照固定的模式与人相处，可你的内心深处还藏有怒火，这是极不健康的。要记住一点，这种赌气和报复的心态会让你在两性关系中举步维艰。

童年创伤导致成年后的交往障碍

有时候童年的创伤会给我们成年以后的交往带来很大障碍。

有位女性朋友成长在一个并不怎么和谐的家庭，她的父亲总威胁说要离家出走，后来他的确抛弃妻女，独自离开了。父亲的所作所为让她觉得："这就是男人，动不动就要离家出走！"在这种想法的驱使下，她在成年后恰恰找了一个最终抛弃她的男人。

有位先生小时候得了哮喘，每每发作得厉害时，母亲都会悉心照料，无微不至。成年后，每当哮喘再次发作，他无力地躺在床上时，都希望妻子也能像母亲那样照顾自己。而妻子对此很反感，这成了他们之间摩擦不断的主要原因。

对摩擦和冲突上瘾

人对摩擦和冲突是很有可能上瘾的，而且这种瘾比对毒品或酒精的依赖要更持久。尽管我们总是强调自己反对暴力，但对于那些你死我活的动作片似乎还是看得津津有味。的确，那些激烈的打斗场面会让我们体内的肾上腺素迅速上升，而很多研究已经指出，肾上腺素就是一种让人成瘾的药物，因此很多人才喜欢看打打杀杀。如果一切都风平浪静，无比和谐，他们反而会觉得有问题。

有一个前来治疗的患者回忆起童年的一些经历，这很好地解释了她成年后与异性相处的方式。她的父母对吵架有着非凡的热情，三天一小吵，五天一大吵。有一次两人又吵了起来，而且越吵越凶，她害怕极了，躲到自己的房间里。过了几分钟，外面突然安静下来，她不知道怎么回事，很怕是谁受了伤，于是小心翼翼地走到外面一看究竟。让她没想到的是，父母正在卧室里疯狂地做爱。于是她在脑海里留下了这样一个印象：爱、性与吵闹纠缠在一起。后来她发现自己每每要与丈夫行夫妻之事前，都要找茬儿先干一仗，争吵对她而言俨然是一种催情剂了。

下意识地愿意把事情搞砸

相处模式中还有一种常见的误区，就是其中一方或双方都愿意把事情搞砸。

我们的咨询记录上有这样一个故事：

一名男子从父亲那获得了大笔资产，他想把这钱挥霍掉，就去做了不良投资。会计师警告他，这些投资和越南战争的性质一样，不会有什么收益，只会是灾难。事实果真如此，他从身家75万美元一下子掉到只剩10万美元，于是他找到我们，想要知道自己这么倒霉是不是和不幸的过去有关。原来他一直憎恨父亲，同时他觉得自己生来就有钱而别人没有，这很不公平，他一直想惩罚自己。出于这些潜意识的想法，他才想方设法地糟践钱，以求和别人一样。他的父亲一辈子喜欢钱，把钱看得比命都重要，想要报复这样的人，没有比到处撒钱更好的办法了。他说对了，父亲看到他如此败家真是气极了，到死也没再和这个败家儿子说过一句话。在两性关系中，这名男子也同样重复着与父亲相处的模式。他和妻子本来很甜蜜，可过着过着他就非得找点事儿出来，把两人的关系弄得很僵，他总是故意激怒她。这也是一种自我惩罚吧。

出于自我仇恨，我们会给自己和身边的人带来不可想象的惩罚。大多所谓的"霉运"其实根本不是运气的问题，而是我们内心的羞愧、内疚和自我厌恶等心理直接导致了与人交往时的障碍，常常把事情搞得一团糟，才给他人留下口舌。

人的一生中最难学又必须学会的就是独立。可有的人就是不想长大，事事依靠别人，直到有一天不得不独自面对现实社会，他们一下子就傻眼了。很多人从小就习惯依赖父母，长大后依赖爱人或孩子。有人甚至从没想过要依靠自己。关于两性关系中的自立问题，我们会在后面的章节再作介绍。

这一相处误区的另一种表现形式就是，小时候和伙伴们一起时就不合群，长大后与人相处总摆出一副貌似独立的姿态。换句话说，如果成年后总是孤零零的一个人，那就说明你在孩提时代就没学会如何与人交往。人的信任感其实很脆弱，通常孩子早期经历的疼痛（比如脐带剪断后伤口自愈的疼痛）会大大削弱他对外界的信任。或者人在以后的生活中遭遇到背叛，也会让他对周围的世界和人产生不信任感。信任感一旦遭到动摇或破坏，就很难修复。很多人总是表现得很独立，其实他们的内心是害怕与人亲近的。独立肯定不应该建立在恐惧和害怕上，它的真正内涵是有能力与人建立亲密的关系，但同时要留给自己独处的空间。真正的独立不是被迫形单影只地生活，而是主动选择独自生活。

仔细观察我们就会发现，上文提到的这些相处误区其实很普遍，除了与异性相处，我们在与父母、领导、朋友、老师等人相处时，也会走入这样的误区。比如很多人面对父母的权威，不知道是顺从还是反抗。在和老板、同事以及邻居相处时，我们同样也会面临这种困惑。

开启觉醒的亲密关系

作出承诺

在开启我们的旅程之前，请先问问自己是否真心愿意踏上这条互助互爱、坚守承诺之路。如果愿意，你就要坚定地走下去，也别忘记问问对方是否愿意和你同行。以我们多年的咨询经验，弄清两性双方是否真正想要解决问题才是第一步，因为并不是所有前来咨询的人都是积极自愿地想解决问题。有些人是因为另一方坚持要来才不得不来，有些人是想向别人证明他们的伴侣有多糟糕，有些人想让别人看看他们过得多么甜蜜幸福，还有些人却想当着别人的面证明他们有多不合适。所以第一步一定要弄清他们的意图。如果他们来做咨询，是真心想解决问题，那么我们会让他们把这一意愿清楚地表达出来，这也是一种承诺。如果他们这样做了，所有具体的问题都有可能随着咨询的深入而显现。如果他们不愿这样承诺，那么无论怎么谈都是无用之功，对解决问题毫无益处。

我们之所以对承诺如此看重，还在于一旦作了承诺，我们就能看清人们下意识里那些与承诺背道而驰的想法和做法。比如，你相信两性关系中要充满爱与和谐，可你又总是暴躁不安，制造不和谐的因素，这就说明你的内心除了有对爱与和谐的追逐，还有对怨愤的纠缠。实际上，你对怨恨、怒火的兴趣可能比对和谐还要大。婚姻中出现裂痕的夫妻总会说自己如何努力做到和睦恩爱，所有的摩擦和冲突都是对方的错，这种言论离婚律师肯定没少听。其实有果就有因，得到什么样的结果，肯定和自己有意无意的某些想法息息相关，分手还是因为爱得不够纯粹吧。能够意识到自己的爱里还掺杂着其他的渴望，也是一种解放。下一步你要做的就是，**把自己所有积极的承诺和追求公开讲出来，这是帮助你认清内心隐藏的渴望的最佳办法**。

拉近两性距离的承诺

在"过度依赖"相处模式的转变过程中，有几条承诺至关重要。"承诺"这个词的英文是 commit，来自拉丁语，意思是"共同，一起"。下面，我们就列几条能迅速拉近两性距离的承诺。如果两性双方能就这些承诺达成一致，那么很多问题就不会出现了。

承诺一：我愿意与人建立亲密关系，并为之努力扫除一切障碍。

我们中有很多人"似乎"很想与人亲近，但与人亲近也会让人产生很多顾虑和烦恼，因此"亲近"本身也成了一个颇有负担的话题。如果你能下定决心与他人建立起亲密的关系，那么所有的负担都会烟消云散，而你也表明了愿意自我剖析的决心，想要找一找到底是哪些障碍影响了自己与人相处。这一承诺很神奇，做出承诺后我们会顿觉身上一阵轻松，就像突然卸下一块大石头一样。已经有很多对夫妻就是从这个承诺开始挽救了他们的婚姻。

承诺二：我愿意不断完善，保持独立的自我。

很多人觉得与人相处都要经历磨合期，可他们把"磨合"看成是磨掉自己的棱角来适应对方。我们在童年或青少年时期交朋友时，也常常为了留住友情或爱情而隐藏自己身上的某些特质。作出第二条承诺就意味着你不用再这样委曲求全，注重个人发展没什么不对。你可以把"亲密"和"自我"看得同样重要，既要拿出一百分的力气与他人建立亲密关系，又要百分百地做自己。

承诺三：我愿意在亲密关系中开诚布公，不隐藏。

前面我们说过，隐藏自己的真实感受对建立和谐的两性关系有着致命的危害。只有下定决心表明自己的真实想法，才有助于我们在爱情中继续扬帆。通常，人在过往的生活经历中受到的伤害越大，就越容易掩饰自己，把所有的需要和感受收敛于心，不对他人吐露。相恋的两个人只有都变得透明才能相互靠近，越隐瞒越让双方感到不自在。很多夫妻在真正坦诚相对后都发生了意想不到的变化。千万不要一方很坦诚而另一方却试图隐藏，只有两个人都愿意变成透明人，奇迹才会出现，才能成为真正的亲密爱人。

承诺四：我愿意帮助他人做完整的自己。

过度依赖模式就像是彼此约好一起做后进生，保持现状，不追求完美。这意味着谁也不能指责谁，大家都有短处。而在觉醒的亲密关系中，两性双方要鼓励彼此做最好的自己，时刻给对方以鼓励和支持。这并不是要强迫对方改变，也不是亲力亲为地帮助对方改变，这是一种态度，允许并支持对方追求更好的自我。作出这样的承诺，两性双方就不再束缚彼此的发展，而是通过各种方法表达自己的支持。

承诺五：我愿意为自己的生活百分百负责。

无意识的爱就是由"受害者"这个概念滋生而来的。如果不能明白生活中的各种遭遇都和自己有关，我们要为自己的生活负责，那么我们的情感就是无意识的，早晚会走向过度依赖。这时候所有的不如意都是别人的错，伴侣、老板甚至全世界都欠我们的。这种两性关系也变成了双方互相比着谁是更大的受害者。如果我们都能为自己的所作所为百分百负责，就不存在"受害者"了，也只有这样才能建立起健康的两性关系。

承诺六：我愿意在相处过程中享受美好时光。

很多人会觉得奇怪，难道在相处中要开心这事儿也得事先作出承诺吗？但当我们在演讲和研讨会上认真提出这一点时，会场突然出现了一丝紧张的气氛。与人相处能够获得愉快的体验，这对很多人来说是个新观念。数百万年来，两性交往无非是为了繁衍生存，所谓的交流也不过是叽里呱啦进行信息交换。即使在欧洲，追求浪漫爱情的想法也才流行了几百年。因此，我们希望大家在建立两性关系时，不要只是当作给自己找个伴儿，彼此过得开心才是最重要的。很多人习惯性地认为爱情需要经营，要付出艰辛和努力，有时还会历经痛苦和磨难。可他们却忘了，**爱的本意是要带给对方甜蜜和欢愉**。如果两性双方都努力愉快地相处，就有可能建立没有摩擦的两性关系。

建立觉醒的亲密关系的三大基本条件

在意识到可以选择携手共进这条道路以前，我们所谓的与人相处说到底都是纠缠。从小到大我们见到的纠葛太多了，也自然而然地继承了与人纠缠的天分。直到有一天，我们猛然发现问题所在，下定决心对自己说："从今往后我再也不纠缠了，我要踏上携手共进的阳光大道。"即使信誓旦旦地这么说了，在过渡期你还是会游走于纠缠和携手之间，但至少你朝着光明的方向前进了。这就好比从麻醉状态苏醒过来，转变过程很艰难。但我们可以先承诺改变，用自己和他人感到舒服便利的方式时刻提醒自己。你不用逢人就讲自己的决心，这其实就是自己和外部世界达成的一种无声的协议，你愿意学习，并且希望学习的过程自然简单。同时，你也要问问身边人是否愿意同你一起自然简单地学习。

觉醒和顿悟并不意味着必须经历痛苦和挣扎。但如果你总试图躲避痛苦，可能就只能通过痛苦来成长了。自然界的一个法则就是，你越不喜欢什么就越给你来什么。所以，还是用自己和他人都喜欢的方式来学习和成长吧。很多找我们咨询的夫妻、恋人是这样来理解这一点的："为了不陷入纠缠，我愿意正视并解决身上所有的问题，我希望这种学习解决的过程对每个人来说都是轻松愉快的。"

想要把承诺变为现实，有三个基本条件必不可少。

基本条件之一：清楚自己的真实感受

在维系亲密关系的过程中，有些人把很大一部分精力都花在了隐藏自己的真实感受上。其实，对外部世界如何感受是生活的核心，也是人存在的原动力。一个不能真实感受生活的人就如同行尸走肉一般。学会体验自己的全部真实感受，并用恰当的方式表达出来，就不会有那么多的伤心和头痛了。

为什么我们要花大力气来学会感受？一是因为我们缺少这方面的教育和实践。显而易见，跟数学和科学比起来，学校到底花了多少时间教会孩子去感受和表达呢？还有就是，很多人从小没有机会表达自己的感受，父母不允许我们表达。相信很多人对父母常说的"憋回去，忍着！"并不陌生吧。如果真没忍住，恐怕就有苦头吃了。要是你也有这种"真实感受会带来痛苦"的记忆，那你自然就不愿意敞开心胸了。此外，很多人发现，要弄清楚自己的感觉并非易事。

人类有着丰富的情感，除了最基本的喜怒哀乐，还有数不清的更细微的感受。各种感觉杂合交织在一起，很难表述。要真正了解这些感受，可能要花上一生的时间。在我的咨询室里，每个星期都会有人头痛而来，一身轻松而去。我没让他们吃什么药，我所做的就是让他们体会并表达出自己疼痛背后的真实感受。

基本条件之二：讲出最细微的感受

现在你可能明白了，很多痛苦都是由于没讲实话引起的。许多人可以把埋藏在心底的秘密跟咨询师如实坦白，可每每问他们是否也把这些秘密讲了相关的人听时，他们总是瞪大眼睛，一脸惊讶，好像我们脑子出了什么毛病似的。即使被问到是否有可能把这些秘密讲给对方，他们也会吃惊不已。如果要建立觉醒的亲密关系，就一定要掌握说实话的技巧。这里所说的技巧指的是，要讲出"最细微的感受"。把你当时内心深处的真实想法表述出来，那就是"最细微的感受"。我们来看看下面这句话：

> 你说你这个周末不回家，我的心就突然紧了一下，脑子瞬间胡思乱想起来："她是不是不要我了？""我自己该怎么办呢？"

在这个例子中，说话人把那个瞬间自己身体的反应和头脑中的想法如实地表达了出来，这就是讲述"最细微的感受"，这样做有很强的治疗作用。

对于人类为什么隐藏真实感受这个问题，科学界从来没有深入研究过。但根据我们分析，首先，人们向爱人隐瞒真实的想法和感受，是因为不想伤害对方。如果你也是因为这个才不说实话，那就要当心了，你不说实话其实是因为，你不想面对另一半心情变糟的后果。也就是说，不想伤害对方是真，但同时你也不想受到对方极端情绪的伤害。

有时候我们不讲实话，也是因为周围的人都不讲。有人压根就没学过怎么说实话，说实话也是一种能力，需要一定的技巧，不比数学中的各种运算简单，但学校却很少教这些。所以我们也只能在生活中学习了，生活也的确教给我们很多，只是有时候会伴随痛苦和无奈。

我们有个客户叫大卫，他用自己的亲身经历充分证明了交流那些"不起眼小事儿"的重要性。他说：

> 在试着半真半假地把我的秘密告诉戴安娜以后，我决定冒冒险，彻底向她敞开心扉。一开始我觉得自己傻乎乎的，连一丁点儿的感受和反应都一件不落地告诉她。后来发现每次这样做，我们的关系都会又近一步。因为我的某些真实想法会促使戴安娜想到其他层面的事，基于这些事我又会进一步反思，这又会激起她身上某些深层次的东西。所以千万不要小看了这些"小事儿"，我现在越来越相信要说出真实细微的感受了，因为隐瞒不说只会让我们增加隔膜，而坦诚相待却能让我们走得更近。

我们希望每个人都能关注这些看似不值一提的"小事儿"。告诉对方你内心最真实的感受，才能让彼此对爱有更深的把握。

基本条件之三：信守约定

健康的两性关系中，很重要的一点就是双方要信守约定，不能信守约定就容易走向过度依赖。如果想避免无意识的爱，我们就要学会制定并遵守有意义的约定。过度依赖的双方也有约定，但他们的约定都是无意识的，他们也不知道有意识的约定是怎么回事。比如："你喝酒打孩子我都没什么意见，只要你不离开我。"这就是无意识的约定。只有达成并自觉努力维护有意识的约定，两性双方才真正有可能携手到老。

如果约定得不到有效遵守，人就会失去活力。如果你总是爽约，相信你自己也不会有多么好过，周围的人更会对你不满。一位律师朋友曾因经济犯罪在监狱里服过刑，他问过几百名狱友，为什么他们会入狱，竟然没有一个人提及是自己犯了法！他们把问题归咎于运气差、时机不对、社会没能提供工作机会，或是老板刻薄、孩子不省心、妻子爱数落，等等。这个例子有些极端，但它也正说明违反约定所产生的后果。

人们不愿意遵守约定，也许是对约定的缔造者不满，因而借违反约定来表达内心的愤恨情绪。比如有人会这么想："老板是个二百五，用公司电话打私人长途没什么大不了的。"或是这么想："政府凭什么向我收税？收了税再把钱花在那些依靠福利的寄生虫身上，我才不愿意养他们。干脆这次少交点税吧，我还为民除害了呢。"所有这些涉及权威的问题如果解决不好，就会产生无尽的烦恼，很多人小时候就处理不好与父母权威之间的问题，长大后又在自己的生活中杜撰了各种各样的权威人物。

两性双方如果为人正直且都有很强的责任感，那么他们就有可能走上携手共进的人生之路。如果能同时满足以上提到的三个基本条件——真实地体验所有情感的召唤、尽可能说出内心深处的感受、信守约定，那真正亲密的两性关系也就离你不远了。

携手共进听上去似乎不可思议，但其实你只要做好一系列细微的选择就可达成：选择说实话；认识到自己在以己度人；勇于承担责任；选择用心感受，不做木偶人；协议破坏后主动与对方沟通；支持对方探索体会深层感受。不断练习这些技巧直至内化为自己的习惯，那么和谐的两性关系就水到渠成了。一旦你的神经系统习惯了这种强有意识的相处模式，不再说谎、破坏相处协议、隐瞒真实感受，那么两性相处的奥秘和灵感就会像清泉一样汩汩流淌。

走上这条携手共进的爱情之路后，你会遇到新的问题，这时你就得配备新的导航工具，帮助你找到新的爱情航向。这是一种全新的挑战，我们称之为"上限问题"，关于这个问题，我们将在第五章详细讨论。现在你只需要知道，要解决这些问题，需要强有力的积极能量。在第五章我们再告诉大家，如何在生活中一直持有积极能量。

相信读到这里，你已经对我们的方法有所了解，现在我们就来看看过度依赖模式产生的那个无意识的瞬间吧，了解之后当这一刻发生在你身上时，你就能清楚地知道怎么应对了。

第二章 | 无意识的爱开始的瞬间

　　人际关系出现问题其实都源于一个无意识的瞬间。无论是哪种人际关系——丈夫和妻子、上司和员工、你和保姆，这个瞬间都是一样的。就在那个特殊时刻，发生了一件微乎其微、让人难以察觉的小事。但就是这一瞬间发生的小事直接影响了我们与他人的关系。要想与人和谐相处，你就必须知晓这个瞬间。这个要求可能有点高，但如果你能学会用另一种方法来处理这个特殊时刻，就可以少走好几年的弯路。

　　要知道在我们决定改变之前，这个瞬间会反复出现。也许出现问题时，你不知道该怎么做。没关系，亡羊补牢犹未晚矣，现在改变也还来得及，每次这个瞬间出现，都是你重新选择的好机会。

把两性相处当作摆脱过往纠缠的好机会

　　当我们与某个人走得越来越近，那些过往生活中的遗留问题——我们最不愿触及的问题，就会慢慢浮出水面。生活有时候很无情，总是让你一次又一次面对曾竭力回避的经历。举个例子，假设你在很小的时候父亲就不幸过世了，这对你是一个沉重的打击，每每想起都痛彻心扉。基于这种痛，你下意识地把男人与痛苦等同起来。成年后你发现自己和男性相处时总是感觉不对，可你不知道问题到底出在哪儿。其实当你和异性建立起亲密的关系时，童年的丧父之痛就隐隐袭来，你自然不会好受。诚然，生活会给我们留下创伤，但它也必定会告诉我们疗伤的有效方法。一次次让我们重新面对曾经的痛苦，不是因为老天有多么不公，而是唯有如此，我们才能从过去的苦痛中走出来，重新上路。

命运让我们与某人相识相知，这正是我们摆脱过往纠缠的大好机会。生活一直在告诉我们要忘记过去，珍惜眼前人。到底有多少人能做到这样呢？屈指可数。我们还有机会找回那个不被过往经历纠缠的自己吗？答案是肯定的。

亲密关系会给你带来积极能量，但享受积极能量的同时，你也要面对早年生活中的一些困扰，比如：

- 从内心深处来讲，我觉得自己不配。
- 谁也不知道我到底有多生气。
- 我忍受不了批评指责。
- 我不太相信别人。
- 我再也不会让自己受伤了。

爱让我们重新审视自己的问题

很多人抱怨两性关系出现问题是因为爱得不够深，其实他们错了，恰恰是爱让那些隐藏的问题浮出了水面。亲密的两性关系就像一束强光，照在我们身上自然会投下长长的影子。如果此时你正沐浴着爱情的光芒，你也一定要学会如何处理身下的影子。

很多人在建立起成年人的两性关系之前就已伤痕累累，但到底怎么受的伤我们早已记不清了，因此目前的两性关系稍有不对，我们就觉得是当前的情感生活出了问题。其实眼前的两性关系，恰恰给我们提供了解放自己、摆脱过去的机会。人脑最为突出的能力就是概括归纳能力。以过马路为例，一旦我们知道过马路前要先左右观望，下次再过任何一条马路，你都不需要再重新学习这一规则了。但人脑的这种能力也会带来很大的问题，你很可能因为受到父亲的骚扰而泛化出对所有男人的恐惧。受到的伤害越深，泛化的程度就越大，这也是出于自我保护的需要。

我们渴求与人亲近，但同时也惧怕与人亲近。有些人排斥与人交往，因为他们不知道如何处理亲密关系带来的一些问题。我们的客户大多都是聪明可爱的人，可他们却常说不想再交友谈恋爱，因为他们害怕受伤害，也无力处理交往中出现的问题。这实在太不幸了，人生本来就是走近自我、走近他人的过程，不与他人交往意味着你也停滞不前了。

亲密与疏远都会带来问题

既然与人亲密会带来问题，你可能会说，那就保持一定的距离吧。可是保持距离也一样会带来问题。我们知道，人既需要社会交往，也需要独处的空间，如果这两种需求有一个没能得到满足，等待我们的就是痛苦和烦恼了。理想的状况是，我们在儿童时期就学会掌握亲密与独处的度，找到那个让自己最舒服的点。但生活中随时会发生一些事，影响孩子习得这种能力。举个极端的例子，我们来看看一个患有精神分裂症的母亲是如何对待自己的孩子的。你会发现孩子在很小的时候，就被迫对亲密和独处都很抗拒。因为孩子需要母亲的拥抱和关怀时，她却一把推开孩子；而孩子想要一个人安静地待一会儿，她又强行把孩子拉过来。人对亲密与独处的两种渴望，如果在尚未知事的时候就受到抑制，成年后我们自然很难记起问题出现在哪儿。

与他人保持一定的距离，也会把我们童年时期的记忆和感受重新翻弄出来。比如你从小就不太独立，觉得光靠自己什么也干不成。长大以后，有一次你想找个清静优美的地方度周末，可一想到自己要一个人去，童年那种不自信的感觉又莫名找上门来。于是本该是你放松休闲、学着独立的大好机会，却成了你的负担，你满是焦虑和恐惧。下面几个例子也说明了我们是如何抗拒独立的。

- 盼望着盼望着，热切期待的旅行马上就要开始了，可你却生病了。
- 深思熟虑后，你决定结束那段受虐的恋情，但就在搬回自己的居所前，你突然出了意外。
- 和某人腻了一个周末，你们还吃了一顿周末大餐，结果回去后，你整个晚上都不舒服。

记忆中的感受和经历重新出现在眼前，我们也无可奈何。但我们可以选择如何应对出现的问题，这对以后的生活意义非凡。到底该如何应对呢？我们先来看看发生了什么。

正确面对某些特殊瞬间

人与人之间建立起亲密的关系，通常会同时产生两个结果。对你来说，曾经与人相处的感受（恐惧和怨恨等）又如潮水般涌来。在这种感受的包围下，你曾经或矜持或逃离的处事方式，也条件反射般地出现了。每个人都有对外部世界进行感知和回应的方式，这也是我们有别于他人的特质所在。因此，就在你仿佛一下子穿过时光隧道回到过去的同时，你的另一半也经历着相同的体验。

不惧怕阴影显现

假设你和同伴站在阳光下，因为身体的阻挡，你们的身下都出现了长长的影子。但是一般人只看到人，很少有人去看影子。人与人之间的关系也是这样，我们只看到人，忽视了影子。如果说影子间也存在着另一对关系，恐怕很多人会觉得闻所未闻吧。其实影子就是我们一直隐藏的那些过往生活中的感受和处事方式。如果两个人都选择对影子视而不见，不关心这影子的背后到底藏着什么，你们的关系也就没有机会拨开云雾见天日了。

学会不隐藏

隐而不说是两性关系中最大、最核心的问题。人在很小的时候就学会了掩饰和隐藏，如果要改掉这个习惯，还是要颇费一些力气的。"隐"就是把应该表达的东西藏起来不说。为了让大家更清楚这个问题，我们来看看下面的例子。

罗恩和芭芭拉结婚20年了。20年来他们一直在彼此纠缠挣扎，最后闹到要离婚的地步，实在没办法才找到了我们。仔细询问之后，我们发现他们的问题就出现在相互隐瞒上。原来在第一次正式约会的时候，芭芭拉就已经对罗恩喝酒后的表现有意见了。一开始罗恩只喝了两杯，芭芭拉觉得眼前这位是她见过最有魅力的男人。可他接着又喝了第三杯酒，芭芭拉开始觉得他身上有些地方似乎不那么可爱了。三杯酒下肚，罗恩有点失去理智了，觉得对面有个男的要调戏芭芭拉。他还借着酒劲，把所有对他不好的人从头到尾痛斥一顿，说如果有机会，他一定要给这些人颜色看看。芭芭拉被罗恩的这一面吓到了。可如果当时她能够花时间想一想，为什么自己那么害怕罗恩的怒气与不满，她也许会发现自己又陷入了父亲留下的阴影。芭芭拉的父亲是个臭名远扬的酒鬼，喝点酒就要耍酒疯，身边的人都不敢惹他。芭芭拉上初中的时候，父亲终于把自己喝死在了轮椅上。对芭芭拉来说，罗恩应该是个钻石王老五才对，睿智、富有，长得也不错。可眼前的罗恩让她有点失望，毕竟和自己的期望有所出入。

其实，芭芭拉当时就应该直接对罗恩说："你喝酒后的表现和我死去的父亲一样，这让我很害怕，你别再喝了，否则我就不想见你了。"但是她没有说，她又把和父亲相处的那一套搬了出来，隐瞒自己的真实感受，否则她会觉得自己有点太矫情了。她相信通过自己的爱，罗恩会改好的。当年对父亲她就是这么做的，如今她又盲目地把这种模式复制到了婚姻生活中，结果这20年她过得并不幸福。她的爱没能让罗恩变好，相反他比以前还糟糕。芭芭拉对罗恩越好，罗恩就喝得越凶，最后连工作都喝丢了。为了养家糊口，芭芭拉只得重新出去工作。即使是这样，罗恩也没有悔改，他整天游手好闲，到处拈花惹草，竟然和芭芭拉的闺蜜波拉搞到了一起。最后，芭芭拉才无助地把罗恩带到治疗师面前，这一步走得实在是太晚了。

芭芭拉没能抓住两性关系中过度依赖产生的那一刻，当以往的伤痛和恐惧又涌上心头，她还是一如既往地走着老路：隐瞒真实感受，试图用自己的方式救男人于水火之中。而实际上，每次她对罗恩隐瞒自己的感受时，他们之间的过度依赖关系就更牢固了。这是人际关系中存在的一个主要问题。如果能解决掉这个问题，你的一切挣扎就都不存在了。我们在成长中能做的最基本的事，就是发现并讲出真实的内心感受，可是我们却一直在隐瞒、退却，让事情演变得越来越糟。

隐瞒会带来什么？

隐瞒导致退缩和投射

隐瞒的直接结果就是退缩，以及把自己的想法投射到他人身上。本该表达出来的感受却隐而不说，必然会导致关系上的疏远，一旦疏远了你就会胡思乱想，以自己的想法来揣测对方。也就是说，你把本是自己身上的问题强加于对方身上。退缩紧随隐瞒而来，二者相隔的时间很短，很多人一开始根本觉察不到。下面这个对话就是典型例子："亲爱的，你怎么了？""哦，没什么。"这种试图掩饰的做法太常见了，即便是最健康的两性关系也可能逃不掉。就我和爱人而言，我们都是治疗师，这么多年来一直践行说实话、以诚相待的原则，但我们还是要时刻保持警惕，以免又回到相互隐瞒的老路上。

投射的表现方式有很多种，其中最常见的就是，把曾经经历的人和事搬到现在的生活中，比如：

- 曾经对父亲或者母亲不满，却把火气撒到现在的丈夫或妻子身上。
- 童年时期不幸遭到虐待，从此对身边毫无恶意、从未伤害过我们的人也十分警惕。
- 小时候遭到抛弃，因而死死抓住现在的伴侣不放，以求不再被抛弃。

当然，生活本身要复杂得多，这些投射的例子通常还伴有第二种表现形式：当我们无法解决某些心理问题时，总觉得别人身上也有这样的问题。下面来说说路易斯的故事。

路易斯看起来很甜美、温柔贤惠，可她有个"爱好"，有事没事就问丈夫拉里是不是生气了。拉里一般都会说没生气，但是路易斯还要接着问（温柔地）他到底生没生气。拉里烦得不行，终于忍不住发火了："是，我生气了，看见了吧！"这时路易斯就会说（依然温柔地）："我就说你生气了吧。"我们告诉路易斯，不要总这样假想别人的感受，也许生气的不是拉里，而恰恰是她自己。这个想法对路易斯来说有些难以接受，但她确实一直都在用温柔掩饰怒火。不过最终，她还是想明白了，她惊讶地意识到，这么多年来自己一直追问拉里是否生气，只是为了与他走得更近。

有一对夫妻在治疗过程中描述他们过得多么不开心，下面是二人的对话：

> 马　蒂：认识你之前我一直过得挺好。

> 弗莱德：认识你之前我也过得挺好，该有的都有了。

> 马　蒂：自打你去福特上班，情况就不一样了。你要是还在通用，我们就不用搬到那些长得一模一样、毫无特色的单位住房了，在那儿住真是无聊啊。

> 弗莱德：是啊，住那样的房子你觉得无聊，所以你就和拉里好上了嘛！你也不想想，你们在搞那些风流韵事的时候我在干什么，我像一头瞎驴一样一天上 12 个小时的班，干的都是我厌恶透顶的活！

从对话中我们可以看出，夫妻双方明显过得不幸福，但他们却把自己的不幸福归咎于他人他物：如果不是因为你；如果不是因为房子；如果不是因为婚外情。这是二人的根本问题所在。如果做不到自我反思，用健康合理的方式表达出真实感受，只一味地以己度人，那么我们身边就到处是出气筒了：父母、工作、政府、社会等等。人人都说要做个有责任心的人，可谁也没认真想过，到底怎么做才是真正的负责任。稍有不顺就在别人身上找原因，这是负责任的表现吗？

套锁原则

人际关系中最容易让人忽视的就是套锁原则。看美国西部电影的时候，我们常常看到牛仔们帅气地甩着绳套，一下就把动物套住了。人与人相处也会出现这种套住与被套住的情况。很多时候我们本该专心解决自己身上的某些问题，可却常常把别人拉进来，这些人身上也有问题，所以才会中我们的套。看清套索在谁手中很重要，否则我们总觉得别人在给我们下套。一位男客户找我们咨询时，这样讲述了自己的遭遇：

> 我不知道怎么和女人相处。每次处着处着她们就会离开我。然后我就再找一个，到最后她还是会离我而去。我和她们的关系好像就没有维持超过一年的。我想可能是自己倒霉吧，女人也许就是靠不住的。可突然有一天，我开始怀疑，是不是自己和女人相处时有什么固定模式，才导致这样的。但到底是什么模式呢？我跟一个很要好的朋友谈到了这个问题，他是一家大公司的顾问，专门负责解决问题。一听我这么说，朋友马上问我，是不是小时候有过类似的经历。我真傻，怎么就没想到呢？小时候我就一直被女人抛弃。4岁的时候我妈妈死于癌症，我不得不和姑姑一起生活，一年后她也因病撒手人寰了。从那以后，我就辗转于各个亲戚家，直到9岁的时候父亲回来了，我才算有个家。可父亲对于母亲的死始终不能释怀，终生没有再娶，也没和哪个女人有过亲密交往。总之，我的整个童年就是在失去亲人中度过的。难怪长大以后，我也总是失去身边的人。

这是套索原则的一个典型例子。故事中的男客户在童年时期，因为亲人的相继离世而形成了一种"失去"的生活模式。长大后，他下意识地套住每个和他交往的女人，一次次上演这出"失去"大戏。这样的例子在生活中还有很多，看多了以后，我们甚至佩服人脑让记忆在现实生活中重现的能力。如果这位男客户能发觉到自己和异性相处时形成了一种特殊模式，那他一定有能力建立更健康的两性关系。人如果能学会有意识地使用这些下意识的强大力量，就真能创造奇迹了。至于如何使用这种力量，我们在本书附录"亲密体验 37 法"中会详细介绍。

很多人觉得生活冥冥之中自有安排，人就像台球桌上的一颗球一样被撞来撞去，撞到哪儿就走到哪儿。其实我们所有的人际交往都是在无意识的感受、需求和处事模式下建立的，如果能认识到这一点，你的生活会发生质的飞跃。的确，**只有把自己看成是生活的主宰，你才能真正主导生活，才能知道自己到底想要什么，不再盲目地用旧有的方法与人交往。**

人下意识的头脑很强大，但却不够聪明。比如它能记住你小时候因为得了哮喘而备受呵护，二三十年也不会忘。30 年后，你再次病倒脆弱无助时，它就会让你想起曾经得哮喘时的情境。这确实很厉害，但也可能让你付出不菲的代价，因为它忽视了一个问题——你已经不是当年的那个你了，它这样做会给你带来麻烦。相反，有意识的头脑很聪明，但却不够强大，需要下意识头脑的强大支撑。最理想的情况就是把下意识和有意识结合起来，让智慧与力量合二为一。要想到达这个境界，我们就要认真研究自己的感受、需求以及处事模式。

隐瞒导致产生下意识的协议

两性双方在采取隐瞒、退缩和投射的相处模式后，为了维系彼此的关系，一般会下意识地达成一些相处协议。这些协议通常包括：

指责、麻木、权力争斗、生病或出意外。下面我们分别看看每种协议的内容和表现。

指　责

不和谐的两性关系如果还要继续，就必须让其中的一方承担所有的错误，也就是让其中的一个人扮演坏人，另一个人扮演好人。这种关系在生活中最典型的例子，就是长期默默忍受的妻子和永远长不大的小丈夫。他事事让人操心，捣乱惹祸，弄得一团糟，她跟在后面收拾残局，满肚子委屈，整日抱怨指责不已。这种关系之所以还能维持，是因为他们都认可丈夫所扮演的坏人角色。如果他突然改好，反而又会出现新的问题。

这种让一方成为指责对象的模式还有一种变体，即两性双方都扮演好人的角色，另外物色第三方做替罪羊。这种模式下的两性双方通常会一致对外，齐心协力把矛头指向第三方，表现形式一般有如下几种：

- 现在的社会体制漏洞百出，我们一定要合力抗争到底。
- 父母竟然忍心这样伤害我们，我们能回报的就只有仇恨了，而且要两个人一起恨。
- 现在的环境对健康危害太大了，我们一定要不遗余力地共同抵御疾病，保持健康。
- 我们要一心一意战胜邻居，战胜朋友，战胜周围的人。

其实这些想法多少也都是事实，本身并没有多大害处，但如果人们每天只想着抱怨、发牢骚，就会把精力都放在关注外在事物上，而忽略了自我审视、自我反省。如果缺少自我认知，我们是无法携手到白头的。

投射也是指责模式的一种表现。当我们忘记要为自己的生活负责，开始把一切责任推到别人身上时，这种假想就开始了。最常见的表现就是，我们自以为是地揣测别人的感觉。在给客户做咨询时，我们总听到一个人对另一半说"你好像很生气"，或者说"你看起来很无聊的样子"。其实深入分析一下，我们就会发现，感到生气和无聊的并不是另一半，恰恰是说话者本人。一般来说，一个人心里越怕什么，就越容易在生活中看见什么，这就是投射产生的基础。关于这些，我们将在第四章详细论述。

扮演受害者角色

另一种无声的指责，就是大家争着抢着要做受害者。当相爱变成一种负担、一种压力时，相处的一方或双方就会想当然地认为自己是爱情的受害者。如果两个人都成了受害者，他们就要拼命争出谁是最大的受害者。如果细心观察你就会发现，生活中很多夫妻间的争吵都是围绕谁是受害者引发的。两性关系中一旦有了受害者这个念头，双方就不再平等，争执、纠纷就接踵而至了。

麻　木

两性双方可能会在相处过程中慢慢对爱情失去感觉，彼此感到麻木。在无意识的爱里，想要保持活力是不可能的。恋爱双方要抑制各自的意识和活力，才能继续维持这段关系。如何抑制？一种方式就是通过吸烟、酗酒和滥用药物来麻痹自己，而不那么极端的麻痹方式，就是抛开内心的感受。如果相处双方都选择将彼此的内心封闭起来，他们的情感就会因隐藏得过深而无法触及。当然，这种办法效果不佳，早晚有一天，我们内心深处长久积压的情感会像火山一样爆发，而且常常是在我们最不希望的情况下爆发。

否认自己的知觉和感受

每个人心中都住着一群不知疲惫的编辑和评论家，他们给你撰写台词，告诉你该说什么，又时不时对你的话评判一番，还很在意他人的回应。这些叽叽喳喳的评论声往往盖住了我们心底的呼声，这时我们进入了另一种较为特殊的麻木状态。就像一台大型电话交换机只接通了几根电话线一样，我们无法通过更多的渠道了解自己，了解外部世界。一旦我们选择受控于人，忽视内心的真实感受，我们也就关闭了活力与灵感之门。不断否认自己的知觉和感受，的确会让我们身体的某个部分变得麻木。前不久在一次谈话中，我问一名女子对丈夫反复无常地喝酒有什么感觉。她淡淡地说："没感觉。"后来她花了好长时间，才又重新打开自己的情感之门，将受到的伤害和怒火释放出来。

童年时反复受到的创伤也会导致成年后两性关系的麻木无感。相信大家小时候都有过这样的经历，当自己惊恐万分不知所措时，我们一般会选择"装死"这个办法。凯瑟琳至今还记得八九岁的时候，有一天她纹丝不动地躺在床的正中间，一遍又一遍地对自己说："如果我一动不动，屏住呼吸，怪兽就不会发现我了。"童年创伤较重的人一般会说："我没什么感觉。"诚然，没有人愿意重提昨日伤痛，但所有这些旧伤往事还是会通过我们的行为，直接且有力地表现出来。

麻木得久了，两性双方就都会觉得难以维系彼此的关系。对有些人而言，麻木会让他们变得睿智、思辨起来。在他们看来，所谓的感觉都毫无意义。曾经有个客户对我说："我从不把担心和恐惧告诉妻子，说了没什么用。"其实如果什么都不说，就这样麻木下去，两性关系看似风平浪静，实则越来越冷漠。

出现权力争斗

要想维持过度依赖的两性关系，办法之一就是进行持续不断的权力争斗。这时爱情不再是男女双方彼此积极沟通、交换正能量的活动，而是充满了矛盾和争斗。时间长了，两性双方还会对这种争斗慢慢习惯，甚至上瘾。在治疗中我们发现，对于有的恋人来说，这种争斗一旦开始，竟然会一直持续三四十年之久。两性生活的中心变成了争斗——到底谁对谁错，谁来掌控一切，谁有权力决定分手。对于那些争斗上瘾的夫妻来说，如果能把精力转而用于自我发现上，他们会得到无穷的乐趣。这样的例子我们也没少见。

夫妻间进行权力争斗并不是为了在争斗中获得满足感，也和那些谁把牙膏或者衣服弄到地上等琐事无关。这种争斗的根源在于不够爱，不够善意，不够尊重。

性、金钱和孩子

在做婚姻问题咨询的过程中，我们发现夫妻间最常见的权力争斗离不开三个话题：性、金钱和孩子。在性这个问题上，通常的矛盾就是应该有多少，有时候也会涉及跟谁有。曾有一个让我们印象深刻的案例，一对夫妻斗了一辈子就为一件事——丈夫30多年前是否跟另外一个女人发生过关系。最终丈夫受不了这样无休止的争斗，在60岁生日的时候坦白承认了。

说到金钱，这个话题从来都在不遗余力地给夫妻间制造矛盾，毕竟钱多不咬手，谁也不会觉得自己的钱够花了。此外，孩子也是夫妻争端的原因之一。很多夫妻在如何抚养孩子、谁说了算这些问题上争论不休，有些人则因为谁来照顾孩子而斗个不停。其中最为悲剧的就是，有些父母在离婚时拿孩子作为要挟。我们就见过这样的例子，夫妻离婚了，他们咬牙切齿地对彼此说："从今往后，我肯定让孩子也恨你。"他们确实没食言，就算离婚了也还在斗，就这样又一直斗了五年。而他们的孩子花了很多年，才最终从父母争斗的阴影中走出来。

生病或出意外

有时候，人生病或发生意外也是过度依赖的一种表现。我们就见过一对通过生病来维系彼此关系的夫妻。这两个人一旦在感情中遇到难以解决的问题（通常是无法发泄怒火），其中一个就通过生病来让另一半承担照料的责任。这种模式反复上演，他们的关系也勉强得以维持。

其实在无意识的爱产生的那一刻，人们可以用更为健康的方式来应对，具体如何做我们会在第四章深入讨论。

两性问题的核心

很多时候，两性关系的问题核心在于我们没有审视自己的内心。爱情本身并没有错，错的是我们的思想和行为。我们对爱既渴望又抗拒，于是在渴望和抗拒之间来回摇摆，犹豫不决，不知道是该接受还是放弃。其实这都是我们自己的问题，可谁都不愿意承认。的确，与自我批评相比，还是把责任都推到他人身上比较容易。不管怎样，如果想改变自己的生活状态，我们就得学会主动担起责任，不要动辄抱怨他人。

所有这些归结起来就是：你是否愿意彻底敞开心扉，让对方看到你的所有想法和潜能？如果答案是肯定的，你就会体验到真正亲密的两性关系。当然，即使是最健康的关系也会出现问题。就拿我们自己的婚姻来说，几十年来我们一直开诚布公，相处融洽，可一样会有不太和谐的音符偶尔出现，如果处理得当，这些音符反而会变成我们甜蜜幸福的乐章。下面就是凯瑟琳讲述的我们相处时的一件小事：

有一天，我们家来了一个房屋维修工，主动要求给我们的百年老屋做安全检查。交谈之后我才知道，房子的地基可能要重新修葺了。我把这事告诉盖伊，他说："那可得花不少钱呢。"听他这么说，我的心突然"咯噔"一下，脑子里也随之闪过各种念头，比如："我早该想到这一点，都怪我，是我非要坚持买老房子的，盖伊肯定要生气了，房子可能也会倒……"我把这些想法和担忧告诉了盖伊，他笑了，让我想想为什么自己会有这样的担忧。我马上意识到，从小我就把跟房子有关的一切责任都揽到自己身上。比如为了不让妈妈生气，我会抢着把厨房甚至整个房子打扫得干干净净。现在，我也把这种做法迁移到我们的房子和盖伊身上。其实想起来，不只是关于房子，在很多事情上我都是这样处理的。

要为自己的情感负责，你得有几样绝活才行。首先，你得有一张觉醒的亲密关系方向图。一旦出了状况，你要善于辨别和处理问题。同时，你也要学会敞开心扉，体验两性关系中的积极能量，学会将真实的想法告诉对方。从我们自身体验以及 40 年来给众多恋人、夫妻咨询辅导的经历中，我们总结了一套可以帮助大家建立和谐两性关系的方法，这些理念和具体做法，都是在生活中经过检验的，相信大家会从中受益匪浅。

第三章 | 无意识的爱之九大误区

在了解常见的关系模式时，千万不要感到灰心。有时候我们会觉得自己已经无可救药，摆脱不了这些固有模式了。知道自己被某个模式拴住确实是一件让人沮丧的事情，可是沮丧又有什么用呢？感觉无望是因为觉得自己无路可走了，而本书介绍了一套十分清晰有效的办法，可以帮助我们走出过度依赖的关系，开始相互信任，相互担当。所以，完全没有必要感到失望和沮丧，只要充分意识到有一种固有力量在操纵我们，然后想办法一步步摆脱这种力量就可以了。这个过程还可以变得很有趣、很好玩，完全不是一件让人头疼的事情。

误区一：在和他人相处时，我有时会纵容对方自我毁灭。

这种模式可以算得上是最常见的误区了。和你在一起的人确实常常有一些不良习惯，比如酗酒、吸烟、暴饮暴食等。而你的内心是如此渴望被爱，以至于你会不由自主在行为上支持他。在他伤害自己的时候，是你在一边默默为他收拾残局。这一点恰恰使你落入险境。因为如果你不能让朋友为他的行为负责，那么无意之中，你也成了他不良习惯的帮凶。看看下面这个真实的例子吧。

琳达的上一段婚姻经历让她身心俱疲，离婚后她嫁给了弗兰克。弗兰克特别胖，体重达到 136 公斤。和琳达刚开始交往的时候，弗兰克有好几次都尝试减肥，每次都是刚减了几公斤，正感觉良好的时候，琳达就会突然决定要到一家很棒的餐厅用餐。她会缠着弗兰克带她去，而弗兰克当然也抵挡不住美食的诱惑，于是减肥计划就被抛到九霄云外了，他的体重不用说马上回到了原样。有的时候弗兰克刚想减肥，琳达就带回家一大盒巧克力或者冰激凌，而这两样正是弗兰克的大爱。很明显，琳达每次都让弗兰克的减肥计划泡汤，于是他们决定好好研究一下，到底是什么让这一幕一遍遍重演。他们开始读一些关于自我帮助和饮食失调等方面的书，随后有了非常重要的发现。

　　在琳达的生活经历中，有两件事情让她的内心一直隐隐作痛。一件是她的前夫过去经常在情感和身体上折磨她，这让她一直到现在都愤恨不已。另一件是她在十几岁的时候，她那胖得离谱的父亲去世了。她和母亲对此耿耿于怀，因为父亲总是胡吃海喝，是活活撑死的。下意识中，琳达总是让弗兰克的减肥计划告吹，从而让童年那一幕重演。她就是在纵容弗兰克自我毁灭，以此来释放对父亲和前夫的怨恨。

　　而弗兰克呢？当他还小的时候，他的母亲就放任他想吃多少吃多少。由于父母很忙，他的脖子上总是挂着钥匙自己开门回家。家里总有美味的甜食，他常常抱着黄油曲奇或者冰激凌来消磨孤独时光。长大之后，他就把琳达当作了母亲，而琳达对这一角色毫不介意。表面上她很关心弗兰克的健康，而实际上，她就是导致弗兰克自我毁灭的罪魁祸首。

你可能觉得琳达和弗兰克的例子有点不可思议，但这种情况在现实生活中屡见不鲜，只是很多没有那么明显罢了。许多人无意之中都成了自己爱的人不良习惯的帮凶。这种关系模式还有一种更加隐蔽的表现形式。很多时候，相爱的两个人却不支持对方充分发挥自己的能力，他们喜欢让对方表现得平凡普通一点。或许他们不承认，但是这种关系对于双方潜能的发展是有百害而无一利的。虽说这种模式的后果不像纵容酗酒、吸毒或者暴饮暴食等恶习那么明显，但本质都是一样的。

误区二：我总是与那些支持我自我毁灭的人为伴。

这个误区本质上和上一个差不多。我们是不是总选择和那些纵容我们坏毛病的人在一起？又或者说，你是不是特别想让身边的人对你高标准严要求？事实上，很多人都渐渐意识到，正是身边所谓的"朋友"和家人，让我们身上的坏毛病越来越严重。我们就以丹尼为例吧，他都23岁了，还不想走出青春期，因为他觉得只要没长大，就没有什么事需要自己承担责任。丹尼总是一副怨天尤人的态度，生活中遇到的种种不顺都成了他抱怨的理由。每次被老板炒鱿鱼，他就说老天不公，从来不眷顾自己。到底这种生活态度是怎么形成的呢？这里我们就要谈谈丹尼的父亲了。

丹尼的父亲40岁出头的时候，做着一些不怎么合法的轮椅生意，事实上，丹尼的父亲有着与丹尼相似的生活态度。突然有一天，发生了一场危机，父子俩不得不开始检讨自己的生活行为。事情是这样的，丹尼未经父亲允许，偷偷开了家里的保时捷出门。而就在几个月前，他弄坏了保时捷的挡泥板，父亲已经不允许他再碰那辆车了。这一次，丹尼又闯祸了。他和朋友喝了几杯啤酒，就开着车在马路上疾驶，结果撞伤了正在过马路的一对母子。母子俩都骨折了，而且，非常重要的是，这家的一家之主刚好是一名律师。结果丹尼被判酒驾入狱，他的父亲也被冻结了资产，最终只好宣布破产。随后两人不得不接受心理治疗。虽然有充分证据证明，两人的生活态度对各自的人生有百害而无一利，但他们还是觉得自己是受害者。用他们的话来说，落得今日下场，主要是因为法官不公，他们的律师不够强，而且法律条文就是与他们对着干的。

心理治疗师经过长时间的努力才使他们最终意识到，总是以受害者的身份来考虑问题是没有一点好处的。他们整个人生就是一个不负责任的人生，而正是他们自己同意彼此继续以这样的心态来看待生活。幸运的是，丹尼和父亲最终扭转了生活态度，看到了未来的曙光。丹尼后来参加了海军，并通过努力成了一名士官，而他的父亲人到中年，生活来了个大转变，成了一名神学院学生。

悲剧与喜剧之间总是界限分明。我们看影视剧的时候也会发现，如果男女主角能摆脱自怜自怜的心理，他们就会有一个幸福的结局；反之，如果男女主角看问题一直非常狭隘，那么结局悲惨就是自然而然的了。

误区三：我在目前的两性关系中可以明显找到父母的影子。

模仿父母的相处方式是再自然不过的事情了。父母的关系模式往往是一个模板，孩子会在自己的生活中加以复制。还有一些孩子刚好截然相反，他们会走极端，坚决不和父母一样，什么事情都要和父母的做法相反，这个我们在误区五中会提到。我们先来看看艾瑞克的生活。

艾瑞克的母亲酗酒很严重，父亲则是个工作狂。母亲平时对孩子们爱意浓浓，可一旦喝了酒马上就开始发酒疯，对孩子们又打又骂，常常把"弄死你们"或者"趁早滚蛋"这样的话挂在嘴边。父亲呢，常常不回家，就算回了家也总是一副默默忍受的模样，对妻子发酒疯毫无办法。有一次，父亲悄悄对艾瑞克说，他们已经分居多年，他早就受够了这样的生活，但却怎么也摆脱不了。

艾瑞克的妻子英格丽德的生活背景完全不同。家里倒是没有人酗酒，但是好像彼此有点过分依赖了。她的母亲早早就为了家庭放弃自己的工作，但是因为丈夫的事业不是那么成功，所以总是怨气重重。母亲对性生活非常抵触，觉得那是"让人恶心的事情"。父亲对此感觉非常愤怒，并常常对女儿有些不当的行为，以释放怒火。比如有时候，英格丽德正在浴室里洗澡，父亲会突然冲进来，莫名其妙地训斥她一顿。

英格丽德和艾瑞克结婚没多久，争吵就开始了。两人之间充满了对彼此的不满。英格丽德老说自己如何放弃了事业，为了丈夫的新工作大老远跑到这个城市，抱怨艾瑞克忙于工作整天不着家，一旦回了家没完没了的就是夫妻生活。艾瑞克听到这里立刻就爆发了，嚷嚷道："你什么意思啊，我们三个礼拜没有一起睡了，我一靠近你就把我推开！"

当我们指出他们就是在复制各自父母的生活模式时，他们震惊得说不出话来。不过，知道自己不过是在沿着父母的轨迹生活，他们感觉好受多了。夫妻俩很快发现 90% 让他们抱怨不止的事情都跟过去有关。虽然要想结束这种根深蒂固的生活模式是一项巨大的工程，不过至少现在，他们已经知道自己该怎么做了。

作为一个成年人，很重要的一件事情就是要了解，你目前的行为是如何形成，又是在哪里形成的。对于大多数人来说，想要摆脱童年阴影的意识在 20 多岁的时候就开始露头了，然后到 30 多岁就会变得非常强烈。不过很多人不愿意正视这个问题，常常会选择工作、嗑药或者各种娱乐活动来转移自己的注意力。有些人直到四五十岁才开始着手解决这个问题。不过要知道，这个问题在 20 多岁的时候不是什么大事，到了 30 多岁就有点棘手了，如果到四五十岁你还没有要解决的意思，那么生活将给你惨重的教训。

我们曾经接待过一位男士，他一直盲目地沿着父亲的生活轨迹生活，现在入伙一家律师事务所，从来没有走出过父亲的阴影。他在 39 岁时患上了严重的心脏病，不得不休息几个月。幸运的是，他充分利用这几个月来审视自己的生活。这一刻，他才意识到其实他根本不想做律师。小的时候和父亲谈梦想，他说想靠自己的双手生活。可是父亲却告诉他，他的祖父一辈子在农场里耕作，累得半死。父亲斩钉截铁地说："儿子，靠双手你是养活不了自己的。你很聪明，要学会用智慧来谋生。"于是他放弃了做雕塑家的梦想，开始学习法律。另外，他的婚姻可以说也是奉父母之命，娶了父亲的一个律师伙伴的女儿。这种生活压根不是他想要的。有一次，他和朋友聊起是否可能离婚，之后就有了这次心脏病发作的事件。

幸运的是，经过努力他已经找到了适合自己的生活方式。他做了一家画廊的律师，这样既能够接触喜欢的艺术，又不浪费多年来从事律师行业积累的经验。另外，他和妻子都意识到没有激情的生活是没有意义的，因此在两个孩子考上大学之后就选择和平分手了。

因为这种误区实在太常见了，所以我最好再举个例子让大家都能更明白。艾丽曾经给我们讲过她自己的故事，她总觉得没有办法理解自己的父亲和丈夫。艾丽和父亲一样，是一个工程师。小的时候，艾丽觉得父亲总是冷冰冰的，整天少言寡语，而母亲因为丈夫太冷漠，常常感到孤独而去酗酒，并经常在公共场合情绪失控。艾丽与自己丈夫的情况刚好相反。她的丈夫常常在外面待到半夜，又是抽烟又是喝酒，她感到无比厌恶，却从来都是冷眼旁观，压抑着自己的情绪。她的母亲出轨几次后，最终离了婚。而现在她的丈夫也出轨了，对此艾丽心里很清楚，但什么也不说。

在对自己进行剖析的时候，艾丽必须直视内心的悲伤和怒气，同时还要面对母亲的情绪。一般来说，当我们对自己的内心感受有了更清楚的认识，就会发现最恼人的往往是从别人身上移植来的情绪。作为一个敏感的孩子，父母、祖父母和身边其他的人都可能影响我们的情绪。有些人觉得受别人情绪影响真是件让人不爽的事情，也有人暗自庆幸，原来不快的情绪和自己没有关系。你必须要看清楚，到底什么是你的内心真实感受，什么是受别人影响产生的情绪，只有这样，你才具备了作为一个成年人需要掌握的一项技能。

误区四：我交的朋友常常在性格、举止上很接近我的父母。

孩提时代，我们最亲近、最喜爱的人身上往往会有一些改不掉的坏习惯，对于这些坏习惯，我们常常视而不见。但是长大之后，我们又偏偏喜欢和有着类似坏习惯的人交朋友。来看看马克的故事吧。

马克的父亲是一个很有进取心的人，清醒的时候，他想卖什么都能卖得出去。马克很崇拜父亲，觉得他无所不能，又有智慧又会讲故事。而母亲呢，整天紧张兮兮的，一天到晚就知道忙家务。母亲日子过得很辛苦，她常常对马克说："你长大了准和你爸爸一个德性。"

长大之后，马克发现老板和自己的父亲性格相似。老板整天设计一些宏伟的计划，但从来不能坚持到底。马克总是没有办法签到合同，甚至有一次，他还把自己牵扯到一桩官司中。你看，在马克身上，历史又重演了。他老觉得父亲是反抗社会不公的英雄，他的老板也是如此。可他忽视了老板身上难以改变的弱点，就像他自始至终都不愿意正视父亲身上的问题一样。这样的经历让他苦不堪言。马克的朋友常常劝他离开老板，但是马克总是听不进去，直到有一天老板的灰色交易让他差点入狱，他才真正从噩梦中醒来。

误区五：父母的处事方式让我极为不屑，我得和他们不一样才行。

就像有些人会复制父母的生活模式一样，有些人则会选择背道而驰。这种选择看起来不同，实质上也没有多大差别。事实上，比起单纯模仿父母的生活方式来说，一味选择反抗，选择背道而驰，可能会让我们更加痛苦。因为反抗本身就不是一种积极的生活态度，它只不过是一种本能反应。如果一切的根基就是痛苦与愤怒，一个人注定无法有快乐的生活。

玛丽30多岁了，生活的重心只有一个，那就是一定要和父母的行事方式相反。从小到大，玛丽就算是放养长大的，父母生她的时候都很年轻，对生活没什么责任心，所以从小她就知道父母都靠不住，一切只能靠自己。她到现在都记得，小时候父母常常很晚了还跑到她的房间，向她抱怨对生活的各种不满。那个时候她会装作认真聆听，有时还会说说自己的意见，但是内心里却充满了怨恨，怪父母没有花心思照顾自己。

看到父母这么不成熟，玛丽决定自己要快快长大。10岁的时候，她就已经能称得上是一个小大人了。在学校里，她总是一副苦大仇深的模样，紧抿着嘴，脸上阴云密布。不过她的成绩总是非常出色。读到高中的时候，她患上了胃溃疡。幸运的是，她遇到了一个非常善解人意的医生，这个医生很认真地和她探讨人生。在谈话中，医生慢慢了解到她的生活中充满了怎样的不满和反抗。

这种总是选择和别人对着干的生活方式还有另外一种表现形式，就是总觉得自己是对的，别人都是错的，因此就有了一种所谓的"正义的愤怒"。其实，无论是把我们自己视为问题的根源，还是一定要和有问题的人战斗到底，这种和别人对着干的情绪都会让我们的生活了无乐趣，让我们无法随心所欲地生活。

如果我们总是抱持敌对的态度，就很难和一些权威人物处好关系，领导、法官或者警察这样的群体就会把你看作眼中钉。如此你的生活就没什么前途可言了，总是充满各种各样的问题，因为你自己本身就是一个大问题。

误区六：童年时遭受的创伤会让我们形成一种应对模式，这种模式在以后的处事中会被反复运用。

事实上，很多问题的产生只不过是因为，我们还在将童年的一幕幕重演。看清楚这一点，我们才能慢慢疗伤。看看下面的案例吧。

罗恩的女友叫波拉，两人认识了很长时间，一直相处得很好，可以说是亲密无间了。突然有一天，两人之间爆发了争吵。原因是波拉在一场工作研讨会上认识了另一个男人，两个人在生活中也很谈得来。虽然两人的举止并不是很过分，但罗恩还是怒火中烧，怀疑他们迟早会走到一起。波拉觉得罗恩这样无端猜测很可笑。好在罗恩没有任由这种情绪蔓延，而是静下来思考了一番，慢慢将自己从受害者的位置解脱了出来。他开始思考自己为什么总是感觉受伤，通过检视自己的怨怒和顾虑，他终于找到了这种情绪的根源。

3岁的时候，罗恩是一直和母亲一起睡的。突然有一天，离家18个月的父亲从战场上回来了，从此罗恩就再也不能独占着母亲了。他为此哭了三天，然后就患上了哮喘。这时他发现，一旦哮喘发作，他满脸泛青喘不过气来的时候，母亲就开始围着他转了。父亲说罗恩只不过是心理出了问题，但是母亲却带着他四处看医生。就这样，给罗恩治病成了家里最大的事，他自己也就成了家庭的中心。

现在，罗恩终于能把一切看清楚了，原来他与波拉之间的争吵，只不过是童年的旧幕重新上演。对于罗恩来说，波拉与其他任何男人之间的关系都是不寻常的，在他看来，这就意味着背叛。只要波拉和别的男人来往，罗恩就觉得心口像是压了一块大石头，喘不过气来。他的哮喘已经十年没有发作了，现在却突然卷土重来。当他终于认清这一切，心口的大石头也就一下子被搬走了，他感觉轻松极了。从我们这儿走的时候，罗恩说要好好和波拉谈谈，谢谢她让自己看清楚了一直以来的症结所在。

要是到了成年之后仍然摆脱不了过去的影子，那就不如索性好好研究一下，到底童年时发生了什么，这才是解决问题的关键。只有找到症结所在，我们才能有机会摆脱固有的模式，重新作出选择。有的时候这种根源很难找到，因为症结可能在很久很久之前就形成了，甚至是在我们出生之前就存在了。比如，有人曾经大范围地研究过这样一个案例。"二战"期间，由于纳粹对食物进行控制，在荷兰某些地区，孕妇的食物非常匮乏，有一段时间孕妇处于非常饥饿的状态。研究人员很想了解孕期的饥饿状态会不会对孩子产生心理和生理上的影响，于是进行了大量详细的研究。结果表明，这种影响是存在的。这些孕妇所孕育的宝宝在出生之后患肥胖症的几率要比常人高很多。另外一个相关调查研究的是丧父子女的健康状况。一组妈妈是在孕期就失去丈夫的，而另外一组妈妈是在孩子出生不久失去丈夫的。结果表明，遗腹子在心理和生理上出现问题的概率要高很多。

接下来的这个例子是关于安妮的。她是一个高级主管，最近刚刚意识到自己为人处世的方式也受到了童年经历的影响。这个例子能让我们更好地了解与人相处的模式是怎么形成的。

安妮常常觉得在和别人相处时，她好像太碍事了。在我们一起追溯这种情绪的源头时，她突然豁然开朗，发现这种模式早在她和双胞胎哥哥共享子宫的时候就存在了。这种情况其实很少见，安妮比哥哥晚一个月进入子宫，而且是一个Rh阴性血型宝宝。她一出生就立刻被送去输血，有十天的时间没有见到自己的母亲和哥哥。长大之后，每次和男同事或者男老板相处时，类似的模式就又重新上演了。她老觉得自己是在打扰别人，如果有男性在会议上打断她的谈话，或者反对她的立场，她都逆来顺受。因为总是害怕自己妨碍了别人，她习惯于压抑自己的感情和需求，总是默默忍受。

安妮还留意到自己总是不自觉地抬头看老板，害怕他突然走了。当她仔细琢磨为什么会有这种感觉时，她不由得想起了小时候自己与双胞胎哥哥的关系。那时候两人的关系是如此亲密，到现在她都不能够忘怀，她希望也能和别人建立这种亲密无间的关系。但同时她又觉得，正是自己的存在可能妨碍并伤害到了哥哥。她老觉得因为她的血液不正常，父母把大部分的精力和金钱都倾注在她身上，这样哥哥就没有过上好日子。这种情绪毫无道理，但却总是在她和别的男性相处时不由自主地出现，因为她从来都觉得，这些男性和她的哥哥在本质上都是一样的。

一旦安妮搞清楚了问题的根源，生活就立刻阳光灿烂起来。她换了一份更好的工作，很多一直困扰她的问题也迎刃而解了。她开始以另外一种角度来看待其他男性，而不是再纠结于过去那种自责与内疚的情绪中了。

很多人之所以难以与他人相处，原因都在于童年的经历。有的时候，这些经历可能发生得更早，早到我们还是胎儿的时候就已经开始了。虽然无法证明这些经历对我们的影响，但最好还是接受各种可能性，只有这样我们才能为疗愈创伤尽最大的努力。

误区七：要么就让我的生活矛盾重重，要么我就不惜一切代价避免矛盾产生。

有的时候人们之所以过度依赖，是因为他们已经习惯了自己的生活中充满矛盾。如果天天怒气冲天，人们就很难建立一种亲密无间的关系，因为我们整天忙的就是生气、争吵，忙着从争吵中慢慢平静下来。与之相反的是，很多人倾向于忽略矛盾，拒绝思考负面情绪，这样去避免矛盾也不是解决办法。有趣的是，这两种极端所产生的背景却非常相似。

很多人在成长的过程中会遇到各种各样的矛盾，有些人觉得争吵就是日常相处方式，所以长大之后他们也用争吵来解决一切问题；而有些人在童年经历过很多争吵后，下定决心绝不让这样暴力的相处方式发生在自己身上，所以竭尽全力避免矛盾。我们可以看看下面两个例子，这两个例子对很多读者来说可能有点极端，但究其本质而言，我们每个人都有过类似经历。

芭芭拉的父亲在一次工厂事故中不幸遇难，从此她的童年就像一场场连续不断的噩梦。她的母亲是个服务员，工作经常换来换去。要是在酒吧工作，母亲就带孩子们到酒吧的小黑屋蹭一顿饭，那是他们一天中唯一的一餐。后来芭芭拉连续换了几个"继父"，有的非常暴力，有的又是一副好爸爸的模样。她常常看到这些男人人前和气温柔，人后粗鲁野蛮。芭芭拉的母亲原本就不是个坚强的女人，在经历这一切变故之后，对孩子们也反复无常起来，经常做出一连串诡异的行为。最终，母亲患了精神疾病，并离开了这个世界。

芭芭拉找到我们进行心理咨询的时候，她压根没有意识到，正是童年时混乱、不和谐的生活环境造成了她今天的局面。她结了第二次婚，但还是和前夫斗个不停。现任丈夫几乎每周都威胁要离婚，而且动不动就打她，还让孩子们不要搭理她。一切都糟糕透了。有一天，芭芭拉回到家发现所有门锁都已经换了，她的东西已经整理好放在门前的草坪上。有一两周的时间，她天天哭诉自己的不幸，但最后她觉醒过来，决定要好好审视一番，看看到底是什么让她的人生充满无休无止的争吵和不幸。

经过不断的反省，芭芭拉终于意识到，正是童年所经历的噩梦让她对人生有了错误的概念，她觉得人生就应该是充满苦痛和争吵的，身边一旦风平浪静她反倒受不了，非要搞得鸡飞狗跳才觉得正常。在经历了这一切后，她决定不再整天站在受害者的角度，而要学会对自己的人生负责。"自己对自己负责"这一态度改变了一切。她不再总是怒气冲冲地面对孩子，还找律师解决了与前夫的争端，最后和现任丈夫进行了友好协商。她足足用了一年的时间才让生活走上正轨，花一年的时间去改变是值得的，因为在未来的日子里，她不用再遭受过去那样的痛苦了。

和芭芭拉不同的是，我们另外一位客户莎伦选择了和童年完全不同的生活。她的童年和芭芭拉所经历的大同小异，但是两人的生活态度却截然不同。

莎伦说，自己的父母一辈子就是在吼叫和责骂中度过的。父亲和哥哥几乎每周都会在餐桌上大吵一架，母亲还有个坏习惯，生起气来随手拿起东西就打人。她说自己童年的每个晚上都是在惊恐中度过的，她常常躲在黑暗中计划怎么逃离这个家。最终，她一有机会就离开了家，跑到一个很远的城市去生活。

后来，莎伦找到了一份不错的工作，是一名矛盾调解员。

这份工作她做得得心应手，因为她好像对如何解决矛盾有一种天赋。对她来说，应对原生家庭的最好方法，就是假装一切从来没有发生过。但是很多事情并不是想遗忘就能遗忘的。莎伦非常害怕任何形式的争吵，所以和丈夫一谈到什么重要的事情，她就会选择逃避。她坚决不要孩子，正是这件事让她和丈夫之间开始产生裂痕。一旦矛盾出现，莎伦就彻底崩溃了，于是她来寻求咨询，想弄清楚这到底是怎么回事。通过不断的讨论和思考，她终于明白，原来过去的经历就是罪魁祸首，正是童年时候的种种伤痛，让她现在想方设法避免和别人产生矛盾。另外一件帮助她面对矛盾的事情，就是她母亲的心脏病发作了。莎伦不得不又回到那个家，又和那些她如此想逃离的家人打交道。她心里恐惧极了，感觉自己就要疯了。于是莎伦选择干脆撕开过去的伤口，勇敢地面对那些尘封已久的记忆。

对矛盾上瘾其实和对物品上瘾一样，都是逐渐形成的。想要克服对矛盾上瘾，我们需要内心保持长时间的宁静和美好，这听起来简单，做起来可不容易。本书稍后会对如何获得宁静所需要的正面力量进行详细介绍。

误区八：眼看胜利在望，我总能把事情搞砸。

很多人第一次听到这种模式时，都会觉得这也太愚蠢了，只是他们不知道自己常常也会这样。（这种模式其实和上限问题有关，第五章我们会详细介绍。）先来看看这到底是一种什么模式。出于某些原因，我们往往会对成功产生恐惧，越是接近成功，就越想逃离。产生这种恐惧的原因有很多，最直接的原因就是童年时期身边有过这样的例子。

也就是说，在你小的时候，你的家人面对成功时表现得手忙脚乱，然后你把这一切记在心里，认为事情就是如此。这种模式的另一种情况，就是人们把事情搞砸来报复他人。比方说，你从小就对父亲成功后的心态很反感，心里想着自己以后绝不会那样。而且，要是你在生活中出了差错，那将会严重冒犯你的父亲。长大以后，你已经将这种想法忘掉很久了，然而一旦靠近成功，你就会出点差错。

还有一种情况就是，有些人特别缺乏自信心，一旦面对成功，他们更是会心烦意乱，害怕成功之后出现更大的失败。有一个客户来找我们做心理治疗，因为她已经连续三年在年终奖评考核的紧要关头惹上麻烦了。每一次她全年都做得很好，偏偏到了要年终考核有可能升职加薪的时候，就会出问题。

还有一个例子就更能说明问题了，有位男士马上就要升职为主管市青年项目的高级领导了，结果却因为虐童罪被捕了。虽然最后证明是场误会，这位男士还是决定好好想想，为什么这种事情会发生在自己身上。经过仔细考虑，他想起了童年的一件事情。他的母亲曾经对他说："你这辈子什么事情也做不好。"虽然他清楚，母亲这样说只不过是恨铁不成钢，但是这一幕还是在他内心打下了深深的烙印，让他对自己产生了怀疑。后来当有机会入选"荣誉学会"时，他被怀疑在一次测试中作弊，因此失去了候选人资格。又有一次，一项体育奖学金已经唾手可得了，结果他却被逮到酗酒，被取消了资格。这次被控虐童案终于给他敲响了警钟，他开始怀疑是他面对成功时的恐惧造成了这些困境。这是一种模式，不是单纯的不走运而已。还好现在他才二十七八岁，勇敢地面对这一切就能从中得到解脱，不用到30多岁了还一次次重复这样的困境。

对很多夫妻来说，出轨可谓是既能寻找平衡又能把一切搞砸的惯用伎俩。我们记录下了一些人出轨的主要原因：

- 他从不回家。
- 她无法理解我。
- 他从来不会聆听我的内心感受。
- 她都胖成那样了还满不在乎。
- 他总是被工作整得筋疲力尽。

以上这些都表达了人们酝酿已久的愤怒。如果愤怒的情绪很长时间得不到释放，人们就会做点事情来报复。比如，我们的一个客户说他开始婚外恋是为了报复妻子，不让自己和妻子太亲近。妻子有几件事情都让他大为恼火，但是他一直选择忍耐。当妻子后来怀孕了之后，他确实有几天和妻子亲密无间。但是这种亲密又让他喘不过气来，没几天他又和别的女人搞在了一起。这次他被当场捉到了，整个家庭陷入争吵，再也没有什么亲近可言了。

如果一个人认为自己在某件事上无法成功，他就会采取措施来避免失败的痛苦，比如生病、发生意外、制造混乱，或者就是找个方式把一切搞砸。这样的伎俩能让我们暂时不用考虑失败的可能。例如，你答应要进行一场演讲，但是又感到害怕。这时说自己生病了要好过说"我很害怕，所以不想演讲了"。如果演讲那天你刚好嗓子哑了，说不了话了，你自然就不用承担任何责任了。

误区九：我从来也没有学会真正独立，所以我必须找个人来依赖。

真正的独立难能可贵，很多人以为独立就是一个人生活，事实并非如此。真正的独立意味着你既能独处，又能拥有亲密无间的关系。找个山洞或者寺庙隐居起来有什么难的，难的是你既能与人亲密相处，又不会丧失自我。这可就难多了。生命中让很多人感到惶恐不安的就是我们和别人太过亲密，以至于会逐渐失去自我。学会在亲密关系中保持自我，你就拥有了健康的生活方式。

我们见过很多类似的案例，比如：

> 我们有一个客户，她家是那种旧式传统家庭，什么事情都是父亲说了算，母亲整天唯唯诺诺的。在她的记忆里，母亲几乎天天都在厨房里待着，而父亲好像从来就没进过厨房。16岁的时候，她开始和父亲同事的儿子约会，那个男人大她5岁，后来奉父亲之命，她决定和这个男人结婚。在她家客厅里，父亲搞了个家庭仪式，然后正式将她交给了未来的丈夫。25岁时，终于发生了一件大事，让她突然惊醒，并下定决心要摆脱目前的状况。因为丈夫告诉她，其实他还经常和别的女人约会，她当然不高兴了，可他居然还动手打了她。这个客户回忆说："当他发现我居然还会说不，着实吃了一惊。"因为这件事情，她开始反省自己的生活，发现自己从来都是活在别人的阴影下，从来也没有想过怎样拥有自我，怎样表达自己的感受，怎样为自己而活。她幡然醒悟了，她唯一擅长的事情就是与别人相处，但这往往都是以牺牲自我迎合别人为代价的。经过不断努力，她终于学会了如何平等地与别人相处，从而拥有了独立的生活。

当你审视与别人的亲密关系时，想想看你是不是忘记了要保持独立的自我？你能不能在融入集体的同时又能够保持自己的个性呢？如果做不到，那你就已经陷入第九个误区了。如果你不敢保持自我，那你要受的苦就多了。我们接待的客户中，最不快乐的就是那些早该努力却迟迟不敢掌控自己人生的人了。如果你事事都要靠别人，那么当这些人最终离开时，你就要遭殃了。当分别的时刻来临，你却没有能力独自渡过难关，毫无经验地独立面对生活是一件非常痛苦的事情。我们有些客户已经五六十岁了，突然失去依赖的那一方，也不得不开始人生中第一次独自生活。如果你发现自己也在这个误区内，本书附录"亲密体验 37 法"中的活动对你而言就非常有效了。

以上九种误区是我们在接诊过程中遇到最多的九种情况，当然也有别的误区存在，但是我们无意中最常陷入的还是这九种误区。如果你发现自己也深陷其中，那么醒醒吧！现在你必须想清楚，你到底希望拥有什么样的亲密关系。不要再被旧模式套住了，这种被潜意识所控制的模式是不会让你幸福的。

要想觉醒过来，我们有七个具体的步骤。这七个步骤可以让任何人从无意识的爱转变成觉醒的爱。接下来我们就来看看这七个具体的步骤。

第四章 | 觉醒的亲密关系七大步骤

　　这些步骤能让我们轻松自在地重塑自我。**我们都羡慕那种活得舒服自在又懂得爱的人，要做到那样有时候痛苦，有时候却很轻松，如何取舍全在于你自己。**我们发现，最轻松的方式就是按照以下的步骤走，最好是按照顺序一步步来。如果你漏掉了其中某一步，早晚还是要回过头来补上它的。等读到本书附录"亲密体验 37 法"时，你就会发现，那些活动的排列顺序和本章七大步骤的顺序是一致的。我们强烈建议，除了了解本章七大步骤之外，你还要好好学习一下"亲密体验 37 法"中的各种实践活动。要想改变生活可不只是玩玩智力游戏那么简单，你还要动用你的大脑、身体、情感和灵魂。只有真正参与到这些活动中去，你才能将这些方法运用得灵活贯通，这是你一生都要修炼的课程。别固守旧有的生活模式，多给自己一些机会，慢慢去学习、犯错、纠正，然后再学习，这样用不了多久，你就能够灵活运用这些新的方法和观点了。

　　就像我们在第一章所谈到的那样，要想轻松拥有觉醒的亲密关系，就必须先作出六个基本承诺。如果你和伴侣能互相认同这六个承诺，并愿意以此来开始改变，那么一切就会顺利多了。

第一步：承诺

只有相处的双方都支持这些承诺，才能建立觉醒的亲密关系。这个游戏一个人是玩不好的。如果你是那个唯一想改变的一方，那么你独自进行这些步骤可能会让你感觉更快乐，但只有当两人都进行改变，才能建立起真正亲密无间的关系。如果你作出以下承诺，而你的伴侣不愿意，那么很有可能你还是会处于一种过度依赖的关系。

承诺一：我愿意与伴侣亲密无间，并为之努力扫除一切障碍。

有了这种意识，我们就开始为觉醒的亲密关系做准备了。两性双方都要清楚，你们之间的关系本该如此，必须要将所有让你们无法亲密无间的大事小事都搞清楚。

有些人潜意识里总想忽略或者隐藏两人之间的障碍，而不是下定决心清除。还有些人从来就没有思考过两人为什么要在一起，他们想建立亲密的关系，但从来也没有开诚布公地谈过。

我们来看个例子，看看作出这种承诺是如何拯救一段婚姻的。

约翰和朗达感情受挫，于是来找我们咨询。交谈之后，我们发现两人谁也没有为亲密无间的关系付出过努力，也没有想过清除他们之间的障碍。约翰常常是先对朗达特别好，然后又做出点什么事来惹恼她。我们让约翰好好想想，自己是不是确实有被朗达称为"极其恶劣"的行为。两周的时间里，他就有六次不同的"恶劣"行为，最大的问题是，他总是忘记和朗达之间的约定。比如他说好了要在下午四点带儿子去练习足球，但直到四点半才出现。约翰发现，每次他对朗达特别温柔、特别体贴之后，这种"恶劣"的行径就会发生。

而朗达经常用生病来摆脱亲密关系。在两人相处时，朗达多次出现过不太严重的健康问题，比如感冒啊，皮疹啊，或者下背疼痛之类的。这些问题都让约翰感到恐惧，他总会因此想起患忧郁症的母亲。

我们让约翰反思自己"恶劣"行为的同时，也让朗达好好想想自己为什么总是生病。她也发现自己总在两人关系亲密了一段时间之后就开始生病。所以，两人好像都在无意之间，借助一些小伎俩来防止关系走得太近。

我们问他们，是不是能够下定决心建立亲密的关系，清除彼此之间的一切障碍，他们都觉得问这种问题本身就是莫名其妙。约翰说："要是不想好好相处，我干吗来这里啊？"

我们进行了一些测试，发现约翰和朗达确实非常害怕两人走得太近，因为之前和别人相处的时候受过伤害，他们害怕走得越近将来的伤害就会越深。在揭开旧日的伤口之后，他们感觉轻松多了，决定要按照承诺一来做。当两人都站在共同的起跑线上，下定决心为了改善关系而努力时，奇迹发生了，一些过去常常发生的争吵渐渐消失了，很多身体上的不适也不见了。比如，朗达从来没有想过，她经常头疼是因为不想和约翰走得太近。现在她明白头疼只是借口，于是头疼也就不治而愈了。

承诺二：我愿意不断完善，保持独立的自我。

第一种承诺能让你和伴侣变得亲密，而这第二种又能让你保持自我。如果你不能保持独立的自我，也就不能够实现真正意义上的亲密。

换句话说，只有能够作为一个独立个体实现自我充分发展，我们才有能力在两人相处的过程中给予爱，获得爱。很多人觉得要维系一段关系，就得牺牲一些个性，甚至变得卑微，其实不然。作出第二个承诺就代表两性双方都同意，个性发展和亲密关系同等重要。

保持距离是一件很简单的事情，独自一人散步，或者每天独自冥想一段时间，这都是可以轻松做到的。在彼此过度依赖的关系中，保持距离常常会使人有恐惧感，而在觉醒的亲密关系中，保持距离却能让我们突然充满灵感。人们拥有自己独立的时间和空间，就能够与时间有崭新的关系，这样偶尔分开然后再团聚的伴侣，就可以拥有不断变化、新鲜的感觉。

承诺三：我愿意在亲密关系中开诚布公，不隐藏。

很多事情从隐藏到说明白可不是一件简单的事情。很多人为了避免在成长过程中受到伤害，慢慢学会了隐藏自己的情绪。为了避免和爱人相处时受到伤害，他们依旧会隐藏内心真实的感受，这很正常。但是这样做其实要付出很大的代价，因为一段感情要想长久，保持透明是非常重要的，只有保持透明才能治愈过去的伤痛。

我们以玛吉和兰迪为例吧，这一对儿表面看起来像是要敞开心扉似的。

玛吉向我们坦言其实她有了外遇，但是当我们让她和兰迪聊聊这件事情的时候，她却怎么也不同意。玛吉谈起目前经历的愤怒和沮丧总是滔滔不绝，但是一说到外遇这个关键问题，她就避而不谈了。她害怕兰迪无法接受这样的事实，她宁愿和兰迪分手也不愿意告诉他真相。最终他们还是分手了，兰迪始终对分手的理由毫不知情。6个月后，玛吉突然开窍了，她发现好像她的一生就是在忙着隐藏真实的自我。这大概源于她的原生家庭问题，她常常害怕如果自己太坦白，早晚会受到伤害。认识到这一点之后，她终于鼓足勇气告诉了兰迪分手的真相，而兰迪虽然一开始非常愤怒，却最终原谅了她。他觉得知道真相虽然让人感到痛苦，但总比一直被蒙在鼓里好。两人最终又走到了一起，开始了一段开诚布公、完全透明的恋情。

承诺四：我愿意帮助他人做完整的自己。

如果两个人过度依赖，那么彼此都会感觉力不从心；但如果两人拥有觉醒的亲密关系，那么彼此就会感觉充满力量。有了第四个承诺，你就会支持你身边的人充分发展自我。想想看，如果双方都致力于为发展彼此的能力而努力，那么两人最终都会变得实力强大。反之，如果双方老是限制彼此，那么还有什么生活的成就可言呢？事实上，到底有多少人真正愿意成全他人去做完整的自己呢？我们以罗冰和迈克尔为例，来看看这种承诺能如何改变生活。

有一天，罗冰和迈克尔早上起床后，突然意识到他们两人之间的争斗已经让彼此筋疲力尽。罗冰觉得迈克尔有点懦弱，所以总是想方设法要改变他。迈克尔从事会计工作，他总是千方百计为自己的行为找理由，还说罗冰总是把家里搞得邋里邋遢的。有些时候，他们会为谁照看孩子、上次是谁打扫的卫生间，或者谁该去做晚饭这样的事喋喋不休。他们都想在情感上击败对方，以此实现两性关系中所谓的平等。

在治疗过程中，我们直接问他们，到底愿不愿意帮助对方做完整的自己，他们一开始说愿意，但是深入讨论后，他们又变得模棱两可起来。罗冰向我们坦白了影响她和迈克尔关系的相处模式。当初母亲在生下三个哥哥很多年后才又生的她，所以她总觉得父母潜意识里是排斥她的，父母从来也没有像对三个哥哥一样对待她。长大之后她总是很警惕，担心迈克尔也会对她不好，于是老是逼他做一些惹恼自己的事情，这样她才有借口发泄一下内心的怒火。

而对迈克尔来说，他觉得这段婚姻让他感觉很有压力，总是没办法集中精力。仔细研究了这种感受之后，他觉得这主要是源于父亲对母亲的态度。他把父亲对母亲漠然的态度照搬到和罗冰的关系中，结果也就显而易见了。

这对夫妻口口声声说要支持彼此，但内心却总是想打击对方要完善自我的念头。最终他们发现，双方都在感情里感到窒息了，这才开始尝试第四种承诺。他们列出了如何在物质、情感和精神上支持彼此的具体方法。迈克尔决定照看孩子一年，让罗冰有时间和精力来完成她的教育学历。罗冰也承诺不再乱刷信用卡报复丈夫，他们还决定每周一次讨论生活预算问题，防止消费超支。经过不断的努力，他们终于弄明白对方想要的是什么，也知道该如何帮助、支持对方实现目标。

承诺五：我愿意为自己的生活百分百负责。

两个人在相处的过程中出现问题，都会觉得自己是受害者。如果你不愿意为自己的生活百分之百地负责任，那你就陷入误区了。无意识的爱之所以存在，就是因为人们不愿意为发生在自己身上的事情负责。当相处中的两人都愿意为自己百分之百负责时，真正亲密的关系才有可能建立。出现问题的时候，压根没有必要浪费时间去讨论到底是谁的问题，或者争论到底谁对谁错。

我们接待过的很多夫妻看起来都是一方可怜兮兮，而另一方"十恶不赦"。比如一个家庭里有家暴，丈夫每周都打妻子，那么妻子是不是一个真正的受害者？确实是。但是承认这点又有什么用呢？如果妻子不能够百分之百地为造就这样的婚姻负责任，那么她永远也无法走出眼前的困境。能解决问题的唯一方法就是好好问自己，为什么要成为生活中的受害者？是不是生活中的某些相处模式让我陷入这种境地？我愿不愿意结束这段婚姻？光说自己是受害者从来都不能，也绝对不会对解决问题有任何帮助。要想结束这段不堪的感情，最有效的办法就是，承认是你自己让这种关系存在的，也只有这样，才能够帮助自己走出困境。如果死死抓住受害者的心理不放，你注定永远无法成为生活的主人，也永远无法拥有理想的人生。

我们来看看下面这个例子，它讲述了一对都将自己定位成受害者的夫妻，借助承诺五成功将婚姻转危为安的故事。从表面来看，在这对关系中杰克是受害者，金妮则是那个"十恶不赦"的家伙。

因为金妮的一次出轨，杰克忍无可忍，总是对她犯的错喋喋不休。金妮受够了这样的指责，反过来说自己才是杰克翻来覆去折磨的对象。

事情是这样的，有一次金妮和她的老板因公事出差在酒店住了一晚。两人之间彼此有好感已经很久了，这次竟然出轨了，之后他们约定不再继续发展。回到家后，金妮向杰克坦白了这一切，然后就是六个星期的"精神煎熬"。最终他们决定来进行咨询。

在两性相处的过程中，事情往往并不像表面看起来那样。比如这件事情，我们以为杰克是对的，金妮确实犯错了。然而事情没那么简单。我们在研究杰克的过去时，发现他的前妻也有过出轨行为，他在大学时候的女友也是如此。这样就出现了一种固定模式，而这种模式追本溯源，其实和杰克的童年有关。

杰克小的时候，母亲离家和另外一个男人私奔了。父亲一辈子也无法释怀，还将一些负面情绪倾泻给了杰克。父亲经常说一些无法信任女性的话，听多了之后，杰克也很难对女性产生信任感。

人在深陷一个固定模式时，判断力很容易出错。杰克就完全不清楚，他需要为对方的背叛负责任。在他看来，这完全是女人的错。当我们说这一切可能是他自己的原因时，他大发雷霆（对这种反应我们习以为常，事实和真相虽然最终会让人们感到释然，但乍一听时还是会让人暴跳如雷）。经过一两期的沟通交流，杰克最终明白了，他其实也应该为目前的局面负责任。我们问杰克和金妮，愿不愿意百分之百地为两人的关系负责任，他们表示了同意，两人之间也马上有了变化。起身离开时，他们看起来已经开心多了。整天争论到底谁才是最大的受害者，不仅毫无用处，也会让婚姻逐渐失去活力。

杰克和金妮用了整整一年，才真正将这一承诺融入生活中。一年后，他们的关系有了实质性的进展。每年圣诞节，他们都会发来明信片，说从未忘记我们所给予的帮助。

承诺六：我愿意在相处过程中享受美好时光。

很多人都有过痛苦的感情经历，所以想当然地认为感情之路总有痛苦，如果一段感情没了波折起伏和不断挣扎，那就不能称为真正的感情了。孩童时，你们有多少人见过身边的夫妻天天甜甜蜜蜜？现在呢，你身边幸福的伴侣多吗？我们深深感觉到，两个人只有真正承诺要过得快乐，才能拥有美好的亲密关系。即便我们不知道生活的全部意义是什么，但是至少，生活的意义不在于让我们承受痛苦吧。为什么不能让自己始终快乐呢？为什么不让相处的过程更美好呢？

　　我们在观察一些不快乐的情感生活时，发现很多人也会作出种种承诺，但这些承诺都不太对劲，比如下面这些：

- 弄清对错（谁是对的，是谁的问题，谁过得最不开心）；
- 照顾彼此；
- 帮对方收拾烂摊子；
- 提供一日三餐；
- 多挣点钱。

　　不在乎自己过得开心与否，光作这样的承诺有什么用呢？如果两性双方都努力让自己过得开心点，就没有必要在意那些无关紧要的琐事了。

　　作出以上六种承诺之后，更重要的就是树立目标了。要想拥有一段幸福美满的感情，你就得知道如何协调你的目标和伴侣的目标。然而，很多人从来都没有认真考虑过，到底自己的目标是什么，伴侣的目标是什么。等读到本书附录"亲密体验37法"并开始体验时，你就会发现，制定目标能让你和伴侣之间的关系发生质的飞跃。当你知道自己想要什么，伴侣想要什么，并知道如何协调这二者的关系，那么你就向实现这些目标迈出了很大的一步。

第二步：学会爱自己

只有都保持完整的自我，两性双方才能够真正拥有觉醒的亲密关系。保持自我完整的标志就是有能力关爱自我。只有爱自己才能爱别人。如果你连自己都不爱，就可能会借助别人的爱来填补内心的空虚，也可能会向别人要求连自己都给不了的东西，而这种要求对于别人来说是极不公平的。如果你不爱自己，那你就像是一个无底洞，无论别人多么爱你，那种爱都是不够的。同样，如果你爱的人压根不爱他自己，那么你再怎样全心全意爱他都没有用。我们都必须学会给予自己应有的爱，这样别人才会爱我们，这种爱才会让人感到满意，感觉就像与爱共舞一样。

为什么我们有时候并不爱自己呢？原因有很多，但最最主要的就是一直以来，人们都觉得自我欣赏是一种罪过。人们总是觉得如果不主动思考自己的缺点，反省自己不完善的地方，那我们就失去了进取的机会。虽然现在我们把自我否定视为问题，但是不久之前，人们还认为自我否定就是通往自我完善的必经之路，只有经常自我反省才能激励自己做得更好。

对于我们很多人来说，爱都是有条件的。爱取决于我们长得怎样，球打得如何，芭蕾跳得好不好。自我期望值总是很高，达到如此多的期望简直是难上加难。我们总是会设定一个高不可攀的目标，实现不了的时候就妄自菲薄。这样，爱就成了一种奖赏，一种只有当我们表现得好才配得到的东西。但是，真正的自我关爱是无条件的，无论我们优秀与否、强壮与否，无论我们是高人一等，还是低人一等，爱从来也不会离去。为了关爱自我，我们需要区分什么是自我，什么是自己的表现。如果我们总想等自己表现好了再去爱自己，那么爱就成了一种砝码了。另外，我们的行为中总有一些是不可爱的，学会关爱自己并不意味着，我们不再努力让自己变得更好；这只是说你可以区分你自己和你的行为表现。要学会毫无挑剔地爱自己，这样的话，你就可以时时监测自己的行为，看看这样的爱是不是会产生积极的效果。

真正的自我关爱可不是自负。自负是指你在自我讨厌之后，还千方百计向自己、向世界证明你一切都好。真正的自我关爱是指，无论你做得好不好，你都真心感谢上苍塑造了这样的你。你既可以以优雅的姿态面对自己的闪光点，又可以坦然自如地面对自己的黑暗面。爱是没有界限的，它存在于时间与空间的局限之外，这就是为什么爱可以在片刻之间就治愈困扰你许久的伤痛。比如，如果你感到愤怒或者害怕，然后你又非常讨厌自己的这种感受，那么学会爱自己，爱自己每分每秒无论怎样的感受，你就会释然了。

之前我们接待过一位男士，他说自己已经多年没有哭过了。因为他的铁石心肠，他觉得自己很难得到真正的爱情。我们问他觉得身体的什么地方最僵硬，他敲了敲自己的胸。凯瑟琳把手轻轻放在这位男士的胸口，问他："你有没有因为这里非常僵硬而喜欢过自己？"男士摇了摇头。凯瑟琳说，那就让我们爱自己，爱这僵硬的胸口吧。这位男士顿时就潸然泪下，哭了足足有 20 分钟。我们就让他在这 20 分钟里，好好体会一下这种悲伤的感觉。

爱的魅力就在于，你能培养对自己的爱，而不需要通过别人来获得爱。如果你总是等待别人的爱，那等起来可就没个头了。我们每一个人都必须要确保，自己就是爱的源泉，我们需要用自己的方式爱自己身上的每一点，为自己创造每一个充满爱的时刻。

如果你想改善与人交往的方式，就必须要学会爱自己。这样的话，在改善关系的同时，你还有机会慢慢去发现、去感受自己身上以前都没有注意过的光芒。如果你能开心地面对自己的方方面面，那生活就会美好很多。如果你愿意把人生看作是一次次机会，让你对自己与他人的爱不断升华，那么人生之旅就会平坦很多。

人们经常很难爱上自己的情绪。从我们40年的工作经验来看，对伤心、恐惧、性渴望和愤怒这四种基本情绪，人们的接受能力是一个比一个差。伤心和恐惧虽然不讨人喜欢，但是比起性渴望和愤怒，人们感觉还是好接受的。很多人因为自己的愤怒或者其他情绪而恼火，想彻底摆脱却很难。其实，处理情绪的最好办法就是爱上它们。如果你爱自己的情绪，这些情绪就会慢慢平复下来。怎么做呢？方法很简单，但你得多多练习。当你感受到任何情绪的时候，好好体会一下这种情绪会反映到你身体的哪一个部位。愤怒会不会使你的颈部发紧？恐惧是不是让你心跳加速？伤心会不会让你胸部发闷？当这些迹象出现的时候，要去爱它们，就像爱一个对你非常宝贵的物品或者人一样。

爱自己的身体

很多人对自己的身体总有不满的地方，有些人爱挑剔自己的大腿、胳膊，或是眼睛。商家看透了这一点，就铺天盖地发广告来满足人们对美的渴望。当然，用化妆品或者美容手段来提升我们的形象无可厚非，但是这些外在手段无法弥补对自我的不满。我们必须学会感受，并热爱自己的所有感受，包括对身体的感受，这对于心理和生理的健康都十分重要。如果我们只是用一些化妆品来掩盖对自我的讨厌，那是起不了多大效果的。

第三步：学会感受

　　要想达到心理成熟，重要的一步当然就是学会区分哪些是你的感受，哪些是纠结于你内心的种种信息。区分这一点对于改善与他人的关系也是非常重要的。学会感受你的感受是关键性的一步，我们应该心无杂念地去关注自己的感受，只要你想让人生充满活力，你就有必要充分了解你是谁，了解你内心的感受。有些事情我们为之努力是为了有回报，而有些事情我们做它只是为了培养一种意识。如果你学会更加关注自己的感受，你就能获益匪浅，最关键的是，你的生活将会变得多姿多彩。

　　压抑情绪和过分释放情绪，二者的界线非常微妙。平衡好二者才能实现心理平衡。如果你总是压抑自己的情绪，那么生命将失去色彩；但如果你总是不合时宜地发泄情绪，恐怕又会给别人带来困扰。现在人们普遍认为，有必要学会表达自己的情绪，而不是总压抑情绪。要知道，很多疾病都跟压抑情绪有关，小到头疼，大到癌症或者心脏病等。

　　我们在做咨询的过程中还发现，压抑情绪可能是人际交往障碍的罪魁祸首。但是，学会恰如其分、分场合分对象地宣泄情绪，也一样很重要。

花时间学习体会感受

　　学习体会自己的感受是一件非常微妙的艺术，需要我们用很长的时间来把握。对待自己的感受，要像对待公园里那害羞的鸽子一样友好。如果你想喂鸽子的话，就要张开手拿着食物耐心等，千万不要追着它们乱跑，或者边朝它们扔大把的食物边大声吆喝。同样，很多人迫不及待地想体会自己的感受，结果却把身上这脆弱微妙的感受吓跑了。除了不要操之过急，其实还有一些别的障碍。人们有的时候打心底里是不知道自己的真实感受的。如果你对自己的真实感受毫不清楚，那么别人说什么或者让你买什么，你都会趋之若鹜，事后又发现并不是你的真实需要，解决不了实际问题。

接纳并爱上我们的核心感受

我们最初会遇到的一个问题就是，我们并不了解人的基本感受。经过研究我们发现，其实人只有几种核心感受，主要是伤心、恐惧、开心、激动和性感受。其他像内疚、厌倦、焦虑和抑郁等，只不过是这些核心感受的混合或者反应。比如，完形治疗之父弗雷兹·波尔斯（Fritz Perls）就把焦虑定义为"无法呼吸的激动"，当人们深呼吸时，焦虑往往会转变为激动。同样，恐惧也只是暂时冻结的快乐，人们往往在要步入全新的未知状态时，会体会到最恐怖的感觉。恐惧能促使你的身体作出反应，但如果你不作反应，这种恐惧感就潜伏在你的身体里了。

抑郁常常是由长时间压抑的愤怒导致的；内疚是愤怒与恐惧的混合物；厌倦是长时间压抑自己的真实情感而产生的倦怠感。我们可以去感受，并且爱上所有这些感受。爱是一种更为深刻的感受，它包容万千，甚至能包容对自我的怨恨。对这一点我们深信不疑，每周我们都要接待很多内心充满困惑的朋友，当他们仔细剖析表面的厌倦和压抑，充分挖掘内心像愤怒和恐惧这样更为核心的感受，就会发现，爱才是最根本、最深层的感受。这就是为什么我们会说，只要好好去体味，我们会爱上自己的每一种感受。一位 27 岁的坚强女性为我们很好地诠释了这一点。她来就诊时最主要的症状就是整天昏昏欲睡，对什么都提不起精神来，这种状态让她没法好好工作。她仔细剖析了厌倦与嗜睡的具体感受，然后发现隐藏在更深处的其实是愤怒与恐惧。我们问她："会不会是你的老板让你想起了谁？"她立刻尖叫道："是的，我的哥哥！"一切都真相大白了，原来她只不过在宣泄一种愤怒，憎恨她的哥哥从小就欺负她。接下来的几次交谈中，她重新体会了小时候曾经经历过的那种愤怒、无助和恐惧。但是她并没有就此止步，而是继续自我分析，然后重新建立了对自我和自我感受的热爱。其实长久以来，由于纠结于表面上的厌倦和昏睡感，她总是觉得没有办法爱上自己。接下来，奇迹般地，她觉得也可以慢慢理解并原谅自己的哥哥了。我们鼓励她写封信或者打个电话，和哥哥分享一下一直以来的愤怒和恐惧，以及现在的释然。她的这种勇气迫使哥哥也反省了一下自己对待所有女人的态度。这样，她与哥哥的关系有了崭新的发展，哥哥在处理与女性关系方面也慢慢成熟起来了。

要把你的感受和别人的感受区分开

要想充分认清自我感受，另外一个常见障碍就是很难区分自我感受与别人的感受。小时候，我们身边像父母或其他重要人物就常常在不经意间影响着我们。这个问题可能在我们还是胎儿的时候就出现了。比如在做超声波检查时，我们发现如果母亲吸烟时喷出一串烟雾，胎儿就会明显受到惊吓。甚至当母亲一有抽烟的念头，宝宝就会感到不安。这一现象是需要我们警惕的。如果我们从婴儿开始就已经受到母亲情绪变化的影响，那我们该怎么做好呢？除非我们能学会将自我的感受和父母的感受区分开来，否则一辈子都难以摆脱这种影响。如今你的很多感受其实是对过去经历的反应。如果你曾经被大猩猩攻击过，那么自然而然你就会有恐惧感，看到大猩猩就会逃离。而且，我们的身体是如此敏感，它还会记录下别人对经历的感受。在我们的诊疗过程中，有数以百计的案例表明，困扰客户的情感和他们自身的经历压根就没有直接关系。他们经历的只不过是父母的悲伤、愤怒，或恐惧。对于这些感受，无论是不是由于你自身的经历而产生，你都要敞开心去感受、去体会，因为这些感受现在已经成了你的感受了，你在无意中间接受到了这些经历的影响。但是，你仍然要记住，困扰我们的感受往往并不是我们自身原因造成的。

和自己的情绪相伴

可能我们最需要学习的一个技能，就是和自己的情绪相伴。好好想想看，我们学习过处理各种各样的事情，但从未学习过如何对待自己的情绪。当心情不好时，我们要么就是胡乱发泄一番，要么就是通过大吃大喝、抽烟酗酒来逃避。这时候如果有朋友告诉你，要好好感受这种难过，要好好品味这种难过，那你可要好好珍惜这份大礼。很多人来找我们咨询的时候一肚子烦恼，但是一旦让他们静下心来体会烦恼的感觉，种种问题就在不经意间烟消云散了。

对于很多情绪，特别像愤怒与性需求等，我们只需好好感受，并不需要采取什么特别的措施，了解这一点是非常重要的。比如，很多人都觉得，如果我们让自己好好体会自己的性需求，那没准就不得不采取点行动来解决这种需求了。人类之所以得以繁衍，就是因为我们祖祖辈辈都在进行的性行为。如果你觉得有性需求，但你并不想或者觉得不适合进行性行为的话，也没有必要非得强迫自己。你可以只是感受这种需求，等待这种情绪慢慢消退。事实上，只要你好好留意自己的感受，这种情绪自然而然就会慢慢消失。愤怒感也是一样。很多来就诊的客户都说不敢好好体会自己的愤怒，担心这种愤怒会让他们冲动到想杀人。要知道，我们不仅要学习体会愤怒，还要找到积极有效而又健康可行的方法来宣泄愤怒。

找到你的情绪在身体里的着陆点

处理情绪的最好方法，就是要找到这种感受在身体里的着陆点。将自己的情感确定为身体某一处的感受，好像能让我们少一点恐慌感。其实每一种情绪都能够在身体里找到着陆点，比如喉咙发紧、心口微颤或者肩部发紧。只有心里的情绪在身体上有了具体体现，这种情绪就没那么可怕了。事实上，如果你想从莫名的情绪中解脱出来，首先就要给这种情绪定个位。我们常常会做的就是，帮助客户把隐隐的不满用更加清晰具体的感受表达出来。比如，有位男士来找我们，说自己有点压抑。没过几分钟，他就在我们的帮助下，把这种感受描述为一种沉重的压力，就像肩膀被上了套一样。这种描述可算是帮了大忙了，因为压抑是一种莫名的、抽象的概念，而沉重的压力感则是实实在在可以感受得到的。只要我们面对的不再是抽象的概念，而是一种具体的感受，那我们就更有可能早日从中摆脱出来。对于这位男士来说，接下来要做的就是，好好想想到底让他感觉喘不过气来的压力是什么。如果他一直停留在抽象概念的层次，而不去考虑身体的感受，那么他就无法尽快摆脱这种情绪。所以，只有当我们能从身体的反应方面来定义情绪，问题的解决才能找到突破口。

感受情绪发展的全过程

情绪和宇宙万物一样，都有一个完整的发展过程。就像暴风雨有前奏、有高潮、有激情消退后的沉寂一样，人的情绪也有一个从来临到消退的过程。如果我们不加干涉，这种感受可能很平静地就过去了。但是我们很多人都有一个习惯，喜欢压抑自己的情绪，所以很多感受发展到一半就被终止了。这使得情绪能量在内心一直积聚，我们就总也无法达到情绪消退后的内心平静。我们接待了许多来咨询的夫妻，发现他们总是阻碍对方将情绪完整地表达出来。当妻子开始哭泣时，丈夫总是说："不要再哭了好吧。"而当丈夫要面对内心的恐惧时，妻子就会慌忙地去粉饰太平。大家这样做都是好意，但解决不了真正的问题。因为内心的感受总是得不到全面展现，我们也永远无法有更深刻的体会。要记住，我们要保持真正的自我，就必须直视内心最深刻、最真实的情感。

所以，下次再见到朋友伤心，我们就不要说"别哭了"，而要说"全心体会一下这种伤心的情绪"。如果有人感到恐惧，就让他去全方位体会这种恐惧的感觉，直到恐惧感慢慢消退。我们既要学会充分感受情绪发展的整个过程，也要帮助朋友经历情绪发展的全过程。这时你就会惊讶地发现，只要充分去感受情绪，情绪就一定不会持续太久。反之，如果你老是想压抑或者干扰情绪，那情绪反倒总是拖拖拉拉，老也摆脱不掉了。

弄清楚你到底想要什么

除了感受情绪，人类还有另外一个很重要的体验，那就是需求。要想建立觉醒的亲密关系，我们必须学会了解自己内心的需求。人所有的情绪，所有的不满和抱怨，归根究底都是因为内心有需求。如果你了解自己内心的需求，那就不容易受他人影响，被他人操控。在给客户咨询的时候，我们发现很多人很难搞懂自己到底想要什么。如果让他们别着急慢慢想，也还是会有突破的。所以如果第一次，或者前几次你问自己想要什么却毫无头绪的话，别着急也别放弃。我们通常先向客户问一些最基本的需求，比如："你想喝水吗？""你想坐在椅子上还是沙发上？""你想伸个懒腰吗？"一旦对方说："我想来一杯水。"我们就会接着探讨，他是怎么发现自己的需求的。

有一次我们在伯克利吃午餐的时候，突然明白了为什么人们了解内心的需求是这么困难。当时，我们的邻桌坐着一位母亲和两个四五岁的双胞胎儿子。那对男孩正在吃汉堡，其中一个吃了一半就饱了，另外一个吃完了一个后想再要一个。这个问题解决起来非常简单，让没吃饱的孩子吃另外那个孩子剩下的一半就好了。可是，这位母亲却怒气冲冲地对吃了一半的孩子嚷道："都吃完！要是不吃完，你以后别想再吃汉堡了。"而对另一个孩子说："你是猪吗？为什么整天吃这么多！"看，我们对自己想要什么已经完全失控了。

有一对前来咨询的客户已经闹矛盾一周多了。最初的矛盾是周五晚上开始的，他们两个为去哪家餐厅吃饭吵个不停。这个争吵分两个阶段，每个阶段都表明，他们根本不知道自己到底想要什么。

约翰说："在哪里吃都行，你想去哪里吃？"玛格丽特说："我不知道啊，随便你吧。"这明显是一种过度依赖，两个人都想充分照顾对方的想法。这种习惯可是非常危险的，因为我们每个人都有内心的渴望，我们必须要了解自己的需求。

约翰和玛格丽特彼此指责，说对方推卸责任，连去哪家餐厅吃饭这样的小事都不愿意做主。最后两人决定还是好好选一家餐厅，玛格丽特选了中国餐厅，而约翰想去意大利餐厅。玛格丽特因为相互依赖的原则作祟，立刻说："意大利餐厅也不错。"她总是为了照顾别人的情绪而牺牲自己的想法。但是约翰却不这么认为，他还批评玛格丽特总是没有主见，接着两人又开始吵了起来。没过多久，两人就怒气冲冲地出门了，决定依照各自最初的想法，一个去了中国餐厅，一个去了意大利餐厅。两人吃得一点儿也不开心，而且争吵也没有就此结束。

在咨询的过程中，我们让他们静下心来好好想想，看能不能想出其他方法来解决眼前的问题。稍作引导后，两人确实想出了两个有创意的办法。第一个办法是，他们欣然接受对方的选择，然后各自开心地去自己喜欢的餐厅就餐。也就是说，最后的结果可能一样，但是整个过程十分享受。第二个办法很不错，他们先到中国餐厅打包带一样菜，然后再到意大利餐厅点其他的菜。问题是，两人在争吵的时候压根就不去想还会有其他两全其美的选择。他们内心总是觉得，是他们的需求不同导致了争吵，所以想方设法满足内心需求是蛮不讲理的。

从我们自身的感情经历来说，刚开始相处时，这样的问题也时有发生。大约过了一年，我们才慢慢意识到，每个人都有权利了解并表达自己内心的需求。

盖　伊：我一直以来都习惯在各种情况下自己做决定。遇到凯瑟琳以前，我的生活一直很成功，我也喜欢一切都由自己做主。但是现在有了凯瑟琳，我希望能和她建立完全平等的关系。我心里很清楚，以后再也不能什么事情都自己做主了。

凯瑟琳：其实盖伊的行事方式刚好和我的很搭，因为我总是喜欢按照别人说的去做，虽然事后可能会有点小小的怨言。我特别不喜欢整天琢磨自己内心到底渴望什么。小的时候，我爸爸很强势，两个哥哥又聪明得不行，所以我从来都没有学会独自面对生活。

盖　伊：和凯瑟琳在一起后，这个问题让我们彼此很纠结。有时候我发现自己不由自主地就在做决定了。像要去做什么、去什么地方、去哪家餐厅，这些问题我总是喜欢自己决定。现在我要控制一下自己，慢慢习惯征求凯瑟琳的意见。

凯瑟琳：每次被问到这些问题，我总是感觉大脑一片空白，我哪里知道自己想去什么地方啊？这时候我就会千方百计让盖伊说出他的想法，但是通常他会反复地问我。一开始，我感到很烦，有的时候还很生气，因为我老觉得他有义务帮我做决定；后来我慢慢明白，他是很有诚意的，真的想了解我的需求。大约一年之后，虽然我时不时地还会懒得做决定，但是我已经能够轻松了解自己的想法了。

学会了解自己内心的想法是至关重要的。如果仔细审视生活中任何出现矛盾的地方，你总会发现，这种矛盾的根源就在于，你没有充分表达出内心的需求。为什么我们不想说出内心的需求？这是另外一个话题，我们在第五步会谈到。简单来说，以前我们在诉说内心需求时受到了惩罚，正是因为这种惩罚，我们牢牢记住了教训，以后只说别人想让我们说的事情。生活中好像没有人教我们如何表达自己内心的真正想法。

第四步：承担责任

本书谈到的建立觉醒的亲密关系的七大步骤中，每一步都至关重要，但是第四步却有着特别的意义。如果你只采取了这一步，而没有采取其他六步的话，你还是可以建立长长远远的感情；但是如果你采取了其他六步而单单少了第四步的话，一切都是枉然了。这一步就是要学会为生活的现状承担责任，也就是说，以前我们总是抱怨目前的生活让我们成了受害者，而现在我们要承认，生活的现状就是我们个人造成的，我们要为之负全部责任。就是说，**不管别人愿不愿意负责任，你自己首先要为你自己的生活负责。**如果你愿意说："我想为我所造成的生活现状负责任。"那么你就不会和自己的伴侣相互过度依赖了。如果你的伴侣也愿意说："我也想搞清楚，我是怎么把事情搞成这样的。"那就意味着觉醒的亲密关系即将开始了。

这一步走不好，任何人都不会幸福。我们所认识的拥有健康、觉醒亲密关系的夫妻都经过了这一步，虽然这一步可能会走得很艰难。听起来是很容易，不就是承认发生的一切都是自己造成的吗？但是那些故作聪明的人常常会找各种反驳的理由，他们总是质疑道："那些犹太人呢，纳粹迫害也是他们自找的吗？那些受虐的儿童呢，难道是他们让自己的父亲天天酗酒，没事就把他们暴打一顿吗？"对于这种问题，我们会说："当然不是。不过先别管纳粹干了什么，就说你，你愿意为你自己的生活负责任吗？难道就因为有纳粹和虐待儿童这样事情存在，你连自己的生活都不在乎了？"生活中毕竟充满了种种偶发事件。的确，那些刚牙牙学语的儿童没法阻止父亲酗酒虐待自己，但是当他长大之后，他必须要消除童年受伤的阴影，不让这种阴影成为自己不负责任的借口。不要管过去发生的事情到底是不是你的责任，关键在于从现在这一刻开始，我们要为自己的一切负责任。

生活中最大的误区莫过于总是觉得自己是受害者，因为这种感觉是如此真实。一旦你有了这种感觉，看世界的角度从此就完全改变了。而且，一旦你觉得自己是个倒霉的受害者，你交的朋友差不多都会是这一类的。在这样的关系网里，每个人都觉得自己可怜，每个人都支持你的感觉，觉得你就是总受到不公平的待遇。对于正在交往的双方来说，两人都需要好好考虑一下，你们如何造成了目前这种混乱的状态。别挑对方的刺，那样我们就把自己当成受害者了。当然，想让自己脱离受害者的身份是需要勇气的，因为我们好像一出生就自然而然有了种自怜自悯的情绪。为自己的生活负责就意味着，你有足够的勇气不断调整自己的生活。把责任归咎于别人当然要容易得多，而且我们一直以来好像觉得，负责任就意味着要接受指责。这样的话，负责任就跟承认错误差不多了。为了避免这种窘迫，我们就把责任推到别人身上。

推卸责任的表现

推卸责任就是指，否认要为发生在自己身上的一切负责任。有了这种心态，人们往往不愿意承认自己是造成现状的根源，而总是纠结于到底是谁害自己变成这样。在开始咨询的第一年，我们惊讶地发现，如此多的伴侣都喜欢把责任推卸到对方身上。因此我们认为，推卸责任就是导致情感矛盾的主要原因，这一观点在之后四十年的咨询经验中一次又一次地得到了验证。好好审视每一次争吵，你就会发现，推卸责任的心态无处不在。这在那些最不愿意承担责任的人身上表现得最为明显，他们总是一次又一次地制造各种矛盾。

曾经有一位男士来就诊，他说因为他的威胁和暴力，一个个女人都离他而去，但他还是觉得自己是受害者，他愤怒地抱怨："这些女人！你就是没法相信她们！"当我们告诉他自己负有责任时，他一下子暴怒起来，大叫道："你说得就像我是个不讲理的暴君一样！"听到这里你不觉得好笑吗？

推卸责任有几种表现形式，最常见的就是，我们把自己内心正在经历的感受转嫁到对方身上。当你在性生活中无法集中精力的时候，你会突然觉得，你的伴侣好像正在走神。同样，如果你没法让自己一步步实现内心自由的话，你就会觉得，正是你的伴侣限制了你的自由。推卸责任的另一种表现形式就是，把内心的感受归因于对方。比如内心愤恨无比的时候，我们总是说："是他惹恼我的！"就算你能让别人相信，确实是你的伴侣惹你生气的，你又能得到什么好处呢？

如何避免推卸责任

要想避免推卸责任，办法只有一个，那就是双方都主动为两人相处过程中发生的一切事情负百分之百的责任。无论两人之间发生了什么好或者不好的事情，两人都要共同承担责任。这样的话问题就成了："到底我是怎么让这种矛盾发生的？""我该怎样做才能获得并释放正能量？"我们不再像以前一样纠结于这类问题："他／她怎么能这样对我？""他／她就不能更风趣一点吗？"

谈到这里有读者可能要问了："难道不会有些事情压根不是我的责任吗？有时候真的就是对方一个人的错啊。"事实上，有的时候相处的双方中，有一方还是纠结于旧的、无意识的模式，觉得什么都是别人的错，而另一方相对清醒一点。这个时候，问题解决起来是比较快也比较容易的。但更多的情况是，双方都纠结于找对方的茬。记住，在任何情况下，都不要将自己置身事外。如果有你的责任，你就要承认。既然你觉得两个人在相处的过程中必须有竞争，那干吗不比比谁最先承担责任呢？

不必承担过多的责任

在过度依赖的两性关系中，我们其实常常承担了自己本不该承担的责任。在这种关系中，我们不是让双方负百分之百的责任，而是自己承担了百分之二百的责任。实际上，这会加深过度依赖关系。这也不是一种纯粹、真正意义上的责任，因为这种负责任只是为了更好地压迫对方。他们可能会说："不用你负责任，因为你根本不是个完整的个体。该你负的责任我都替你承担了。"负太多的责任和不负责任一样是有百害而无一利的。

我们接待过一位女士，她可算最大限度地演绎了这种模式。她开了几家公司，挣了不少钱，因此也就有足够的资本来维持她的家庭生活。无论是工作还是人际关系，她处处都很强势，喜欢担起一切。生活中她却总是抱怨，说丈夫和已经成年的子女是怎么不负责任的。但是说归说，每个月她还是给他们一大笔零用钱。她的双亲也由她赡养，父亲总是酗酒惹麻烦，她的解决方法就是用钱摆平一切。用了接近两年的时间，她才在我们的帮助下学会放手。最终，她帮助家人学会了独立，也不再提供那么多经济援助了。

我们再来看个例子，下面这个故事展示了一对夫妻是怎样从互相推卸责任中发生转变的。

乔纳森陷入中年危机却不自知，他不知道，像他这样40多岁的男人都会突然有一种冲动，想买辆摩托车，然后带着十几岁的女孩子逃亡到塔希提岛。他厌倦了每天工作，而且总对别的女人产生性幻想。其实，这种危机意识对于40多岁的男士来说很正常，因为人在这个年龄常常会产生对死亡的恐惧。对于这种危机，乔纳森却把责任推给妻子萨拉，而萨拉刚好也处于一段很脆弱无助的时期。在家里照顾孩子这么久了，她现在考虑要不要重回职场。对于乔纳森来说，萨拉把日子过得非常乏味，整天想的就是怎么维修家里的电器，怎样保持卫生间的整洁。而对于萨拉来说，乔纳森太霸道，多年来一直拿她当作一个保姆似的。其实，她是在把重返社会的焦虑情绪转嫁到乔纳森身上。他们越是推卸责任，就越疏远彼此。最终，他们勇敢地选择向我们咨询。

一开始，我们告诉他们，两个人都要为现状负全责，结果他们反应十分激烈。萨拉嚷嚷着："不！这完全是他一个人的责任！"乔纳森也同样愤怒地喊道："明明都是她的错！"看，他们已经太习惯彼此推卸责任了。

经过几次培训和练习，他们终于有了实质性的突破。乔纳森意识到他所厌倦的是目前的生活，老觉得自己是受害者，而萨拉就是这种厌倦感的罪魁祸首。而萨拉呢，她自己害怕再次步入她已经脱离了很久的社会，所以才会把情绪转嫁给乔纳森，觉得是他害自己丧失了融入社会的能力。意识到彼此的真正想法后，他们学会了帮助对方好好剖析内心深处的感受，并去了解为什么会有这样的感受。

乔纳森意识到，其实他很害怕一步步接近死亡，因为他觉得自己还没真正活出人生的精彩。而萨拉也明白了，自己不敢再次踏入社会，是因为自己从小到大都害怕进入新环境。一旦他们不再推卸责任，而转为主动承担责任，他们的关系又变得亲近起来。两人之间不仅再次有了生活的激情，而且也愿意敞开心扉进行交流了。他们为自己的人生作了很多改变，改变的过程也有趣极了。

承担责任会赋予我们力量

对于大多数人来说，学会主动承担责任可谓最困难的一步。其实，每一个精神上可能非常健康的人，在内心的某一个角落也会隐隐有一种自怜自悯的情绪。一旦生活中出现矛盾，这种情绪就会偷偷露出头来改变我们的生活。为自己的生活负责是需要勇气和信念的，因为我们常常会不自觉地想，如果我承担了责任，会不会有人早晚跳出来，指着我的鼻子说："我就知道都是你的事！我早就知道你做不好！"承担责任确实是一种风险，因为责任意味着权力。受害者是没有权力、没有力量的。在两人相处的过程中，如果一方愿意承担责任，那么权力和力量就会发生质的转变。如果另一方也愿意承担责任，那么力量就均衡了；但如果另一方不愿意的话，那就会导致两性关系的不平衡。就我们的经验来说，这种不平衡倒没有什么坏处，它能让关系中潜伏的矛盾慢慢显露出来。但我们还是要清楚，承担责任就意味着拥有力量，意味着你终于坐上了驾驶室的位置，你的生活即将因此而完全改观。

第五步：学会讲出内心最细微的感受

学会讲出内心最细微的感受，这能帮你迅速建立觉醒的亲密关系，实在是一件一劳永逸的事情。一旦坦白自己的真实感受，两人的关系就会变得和谐而稳固。反之，两性双方就将永远纠结于理不清剪不断的情感中。我们有一万个理由不喜欢内心告白，但是无论原因如何，结果都是一样的，那就是两个人会越来越过度依赖。看看下面这些人们不坦白内心感受的理由吧，是不是也有你惯用的伎俩呢？

- 我要是坦白他会气死的。
- 她理解不了。
- 实在不知道怎么说，我自己也困惑不解呢。
- 一直都很违心，不知道什么是真实感受了。
- 骗过了一次，就想骗第二次了。

其实，不敞开心扉也是一种欺骗，让我们老觉得内心漂浮不定。这种不真诚坦白的交流，会让两人的关系失去重心。如果我们不说实话，身体也会有一些具体表现。看看下面这些状态，是不是也在你身上有所体现？

- 喉咙发紧。
- 咬紧牙关。
- 太阳穴或者后颈酸痛。
- 呼吸急促。
- 肩部或者手臂肌肉紧张。
- 胃部不适。
- 不敢进行目光接触。

关于如何坦露真心，为什么袒露真心，我们要学的可多着呢。为什么这么说呢？我们试着想象一下，看看自己能不能客观地向父母坦白说这几句：

- 我也是一个有感受有意识的独立个体。
- 其实我内心充满了伤心和愤怒。
- 有时我真的感觉很受伤。

13 岁的时候你是不是就能这样坦白？现在呢？如果你一直都能够清楚地说出内心的感受，那你可真是万分幸运了。之所以举这么一个例子，我是想说，其实我们很多人都不愿意对父母那么坦白，因为那只会让我们受到责骂或者嘲笑，有的时候还会被暴打一顿。这是个教训，我们从此就记住了，讲出内心感受就意味着无尽的痛苦。长此以往，我们自己都忘了什么是真实感受了。所以说，如果你是一个一直以来都能够坦白自己感受的人，那你可算是幸运的，因为没有几个人能够做到这一点。我们必须足够爱自己，才能自由自在地说出内心感受。

就算有些人童年的时候没被惩罚，长大之后也会慢慢觉得很难表达内心的感受。他们压根不了解自己，也说不清楚自己到底是怎么想的。他们不敢说"我害怕"，因为连他们自己都不知道，是不是真的感觉到了恐惧。如果你也属于这种情况，无需勉强自己，只需要慢慢练习一下，时时学会去分清到底哪种情绪才是自己真实的感受。久而久之，你就能够习惯恰当地表达自己的感受了。

什么样的感受才是真实的呢？我们认为，真实的感受是无可争议的。举个例子吧，像"约翰真不是个东西！"这种表达就不是真实的，因为至少约翰肯定不同意这种说法。但是，如果我们换个方式说："约翰气死我了！"这就有可能是真的。如果进一步剖析自己，说："我真害怕约翰让我所表现出的那个我。"这就更有可能是真实的了。因为除了你自己，没人可以质疑你是不是愤怒、是不是恐惧。如果你说的话引起了质疑，那就要注意了，因为这表明，你需要再深入剖析一下内心的感受。在两人相处的过程中，真实的表达意味着，你会清楚说出自己的感受、身体的反应及你的真实所为。看看下面这些真实的表达吧：

- 我很害怕。
- 我感觉很受伤。
- 你说话的时候我觉得肩膀肌肉紧张。
- 现在我感到胸部疼痛。
- 当你跟我讲另外一个女人的时候，我觉得一阵恶心，现在还没恢复过来。
- 今天我和前妻谈过了。

如果你意识到有可能对方的反应是："你怎么可以这么做！你应该离那个女人远远的！"那你就要停下来再想想如何充分表达。比如你可以说："今天和我的前妻聊天，我觉得挺对不起你的。"或者说："今天我和我的前妻聊天了，我害怕你会因此发火。"其实，你根本不必担忧对方的反应，因为你的责任就是说出内心感受，而不是取悦对方。不过我们还是可以根据对方的反应来判断，自己有没有真实地表达，因为我们刚才讲过，你表达得越真实，就越不可能招来质疑。

要注意啊，我们所说的真实可不是你的主观判断。下面这些表达就很难说是真实的：

- 你真是个畜生！
- 你也太蠢了点！
- 今天你对吉米太凶了！
- 要是你能改，那我的日子就好过多了。

这些表达都容易招致争论，没有一个是真实的。**记住，只有那些绝对无可争议的才能称为事实。**

另外，我们还要搞清楚哪些是客观事实，哪些是话里有话想要表明其他意图，比如：

- 找借口：我今天太忙了，所以才忘了去洗衣房取衣服。
- 责备：要是有人稍微帮我一把，也就不会发生这种事了！
- 自悯自怜：行，我刷就我刷吧！
- 寻求支持：我想穿这条裙子，不过看起来显得我有点胖，你觉得呢？

一般来说，当我们对自己的真实意图遮遮掩掩时，总是会伴随着进行一些肢体动作，比如叹气、低头不语、耸肩、弹动手指或者噘嘴。这个时候，如果你得不到期待的反应，就要好好反思一下该如何表达。真正能解救你、让你不感到困扰的办法，就是直截了当地说出内心想法。比如，麦克斯回到家对妻子说："亲爱的，今天我加薪了！"这样说的目的好像是为了证明自己有多成功，但是当妻子说："太好了，就等着加薪来付约翰的学费呢！"麦克斯就感到有点失望。其实，麦克斯真正想说的是："今天我终于加薪了，但我却感到有点伤心，因为我一直想证明自己做得有多好。小的时候，无论我的成绩多么好，无论在校队里表现如何，我爸总是不满意。"

再举个例子。

　　贝蒂和前男友通了电话，不过她一直没敢告诉自己的未婚夫阿兰。贝蒂觉得就是打个电话而已，没什么大不了的。但是晚上和阿兰在一起的时候，她老是不由自主想提这件事，可又总是说不出口。阿兰也觉察到这点，问她是不是有什么事，她却说："没事，就是有点累了。"然后，她就觉得嗓子发干，有点头疼的征兆。那一刻，贝蒂觉得和阿兰其实也没有那么亲近，她不告诉阿兰这件事，正是因为害怕他生气。最终，她决定克服内心的担忧告诉阿兰，而阿兰也果然大发雷霆，他觉得贝蒂不该还和前男友拉拉扯扯。两人相互指责，吵得越来越凶。

在咨询的过程中，我们教给两人如何真实地表达内心感受。当他们气势汹汹地相互指责时，我们教他们如何平静下来，只说那些无可争议的事实，不要盲目进行判断。这样，他们慢慢开始表达内心真实的感受：

- 没有早点告诉你这件事，我也觉得很内疚。
- 我担心你会离我而去。
- 和你在一起我比以前更加脆弱，因此也就更加担心会出什么差错。
- 我老觉得，如果我告诉你了，你就会离开我。我还记得父亲离我而去时那种痛苦的感觉。

像这样的表达就肯定不会引起争论了，而这样做正是建立觉醒亲密关系的关键所在：两人应该坦诚相待，并且为彼此的感受负全部的责任。我们目睹过数百对情侣，只需要这么十几分钟的坦诚交流，就将两人从分手的边缘挽救回来。说实话，虽然一开始感觉不一定美妙，但是一定会使两人的关系朝着积极的一面迈进。

当人们学会真实表达内心的感受时，所经历的成长是突飞猛进的。在这里，**所谓内心感受是指一个人能够体会到的最深层、最细微的感受。这种感受不是外在能觉察到的，它隐藏于内心。**我们在最近几次研讨会中，听到了下面这些发自内心的陈述：

- 我感觉胸部像压了一块石头一样。
- 我刚听到大脑中有个声音在呼喊，让我多动一动。
- 当我从你身边走开的时候，我觉得脑后是一大团云。好像我就要遁入那团云中去了。
- 我觉得压力很大。
- 我觉得好像有人在背后刺我。当我这么说的时候，我觉得脚踝有一股巨大的力量，感觉我努力想要逃走。我能听到我妈妈的声音，听到她一直在唠叨说我是多么倔强。我觉得我永远也找不到自己的位置。

你看，这些都是就事论事的内心感受，没有一句是批评或者指责别人的。一旦学会这样表达，你就会豁然开朗。

而下面这些陈述明显就不属于客观的内心感受了：

- 你这么说让我感觉很糟糕。

- 难道你就不觉得羞愧吗？

- 想听实话吗？实话就是你是个彻头彻尾的自私鬼，再没有
  人比你更自私了。

如果人们懂得更坦白地剖析自己，就会这样表达：

- 我们说话的时候，我感到有点恶心。（注意，这样表达是不
  是马上就不一样了？"你这么说让我感觉很糟糕"这种说
  法太强调因果关系了。）

如果你说的话太强调绝对的因果关系，那就要小心了。那些口口
声声说是别人或者其他什么让他们惹上麻烦的人，最容易指责别人。
举个例子来说吧，有位男士来咨询，说是事关紧急。因为女朋友离开
了他，他感到万分痛苦。一开始，他的每句话都让人感觉他是个纯粹
的受害者："她怎么可以这么对我？我到底做错了什么？她毁了我的生
活，带走了我的一切！"当然，对于他的痛苦，我们先是表示了理解
和同情。然后，我们让他好好想想，这一切到底是怎么发生的。结果
我们了解到，其实一年前女朋友就警告过他，如果不戒酒的话那就分
道扬镳。最终她离开了，而在她离开后他才开始戒酒。在他眼里，自
己永远是受害者，别人总是会伤害到他。他觉得既然自己已经戒了酒，
那么女朋友就应该回心转意。在进一步寻找造成目前局面的原因时，
我们发现，类似这样的情况发生过六次！好像自从大学开始，这就成
了一个固有的模式。那时候他的女朋友离开他，和一位教授走到了一

起。从此他开始借酒消愁，一喝就是 20 多年。他最初口口声声说："她居然这么对我！"其实真相刚好相反，正是他自己导致了之后的女朋友一次次离开他。这些女朋友当然也有责任，但归根结底，根源还是他自己。

客观的内心感受绝对不是那种正义凛然的说辞，而是此刻内心深处清晰、具体的体会。即便是那些擅长与人交流的人，也觉得做到这点不容易。

参考本书附录"亲密体验 37 法"，你可以按照活动步骤，一点点练习如何真实地表达内心感受。也许一开始很困难，但是只要按照步骤练习，你肯定会得到前所未有的体验。你会感觉释放自我，轻松无比，你甚至会重聚活力，魅力四射。这听起来是不是有点神奇？只要你能迈出第一步，享受到说真心话带来的美好感觉，你就会上瘾，从此会像我们一样总是坦白真实的想法。

第六步：信守承诺

要想建立觉醒的亲密关系，说到做到、信守承诺是非常重要的一步。在我们接待的夫妻或情侣中，几乎所有人都受到过不信守承诺这个问题的困扰。如果两人不能说到做到，爱情的魔力就会消失殆尽。

要维系一段感情，靠的就是两人之间微妙的沟通和坦诚的态度。如果违背承诺，那就意味着在一幢摇摇欲坠的建筑中抽出一块砖头，一切都会前功尽弃。对于亲密的两性关系来说，只要是违背了一个承诺，那么两人的关系就一定会受到影响。最近我们遇到了以下这几个案例：

有位男士说，以后只要再跟前女友有任何联系，就一定会坦白告诉自己的妻子。之所以作这种承诺，是因为他妻子发现，每次见过前女友之后，他的行为举止就变得怪怪的。然而，虽然作了承诺，他还是时不时地去见前女友。被撞见后，他先是矢口否认，然后就低头承认了。足足有一个月的时间，他和妻子都纠缠于这件事。

一对夫妻达成一致，每人每周都要分担一部分家务活。结果两人总是不停地忘记，造成一次又一次的争吵。

有位男士经常加班晚归，回家就要面对冷掉的饭菜和生气的家人，于是他许下承诺，以后加班一定会事先打电话。这个承诺可是花了大价钱、经过一个小时的治疗才达成的，可是第二天他就食言了。

一位女士承诺说以后会忠于丈夫。结果刚平息了一段时间，她就又和一位同事上床了。她说她压根就不喜欢那位同事，可是又觉得有些事情"身不由己"。

到底是怎么回事？怎么大家都这样言而无信呢？一开始我们觉得很困惑，这样违背承诺真是浪费时间和精力，破坏了两人美好的感情。但后来我们渐渐发现，其实有些人内心是非常害怕亲密无间的，他们甚至会故意把事情搞砸。如果让人们选择要戏剧化的人生，还是要实实在在的亲密关系，他们通常会选择前者。如果你内心更渴望沸沸扬扬的生活，那你肯定会找个方式来破坏平淡。看，"忘记"履行承诺恰恰就能让生活不那么风平浪静。

对于很多人来说，违背承诺还是一个表达内心深处愤怒的好办法。如果你内心对某人有隐隐的愤怒，那你就会不自觉地违背承诺。比如，有一位叫巴里的男士总爱迟到，无论对方是什么人。当别人指责他迟到的时候，他却自己也气得不行，能找出一大堆理由来推卸责任。后来他发现，如果约好的事情是他喜欢做的，他就不会迟到了。原来，巴里是一个不会拒绝别人的人，就算是不喜欢的事情，他也会承诺去做。结果内心又极不情愿，只好借迟到这样的行为来发泄一下。他还觉得自己迟到理所应当，别人不应该在意。

看一个人是否成熟，也可以看看在违背承诺受到指责时他的态度。一个人越是成熟，就越会迅速地承认自己的错误。只有那些不成熟的人才会四处找理由，老是避开话题，或者冲别人无端发火。

那如果，你就是没有办法遵守承诺要怎么做呢？比如，你两点要参加会议，可是由于交通堵塞，两点二十你才出现。这种情况下要怎么做呢？实话实说！你可以说："我迟到了。路上太堵了。我太崩溃了，担心你们生我的气。"这句话里处处都是实话。你能不能像这样坦白地和身边的人交流？其实，遵守承诺这种事情靠的就是勇气和不断练习：要有勇气开始说实话，并不断练习，让自己习惯说实话。只要这样做，你的人际关系就会受益匪浅。

第七步：让生活充满积极的能量

如果说第一步到第六步是为了帮你建立一种觉醒的亲密关系，那么第七步就是让你一劳永逸，从此习惯这种美好的两性关系。

整个宇宙的能量都是在不断流动的，世间一切都是如此。比如，动物在白天进行生机勃勃的活动，然后夜间才能够入睡。心脏和肺部的跳动也在时时刻刻提醒我们，人类也是靠这种有规律的跳动才得以生存。人类还有一种独特的跳动规律，那就是一开始感觉良好，之后会陷入沮丧。这种跳动其实完全没有道理可言，但是为什么会这样呢？

在孩提的时候，很多人对快乐与悲伤之间的联系就有了一定的认识。快乐与悲伤常常相伴而生，下面就是盖伊女儿的例子。盖伊曾经记录道：

> 我的女儿阿曼达今年6岁了，有一次我们从户外骑自行车回来，想到游泳池边去。本来这一天过得非常好，父女相处融洽，感觉亲密无间。阿曼达也觉得很自豪，因为她能骑很远的路了。回家的路上她开始唱一首刚刚学会的歌，大有向我秀一把的意思。可是，兴高采烈唱歌的时候她忘了看路，不小心骑到一处坑坑洼洼的地方，从自行车上摔了下来。我看了看没什么严重的，就是有几处擦伤，但是阿曼达却满脸是泪。我想她哭得这么伤心，主要是因为前一刻还那么开心，后一刻就毫无征兆地摔跤了。

这时候她在心理上就会产生这样的念头：乐极生悲。

想想看，你的童年是不是也经常发生下面这样的事情？

- 我们在尝试玩一样新事物，结果不小心伤了自己。
- 我们在玩"医生"的游戏，结果不小心被绊住了，把一切搞得乱七八糟。
- 正玩得开心，突然大人因为前一天的事情把我训了一顿。
- 我们正为接下来要进行的活动兴奋不已，结果来了个大人对我们拿腔作调地说："别想得太美。"

渐渐地，我们在脑海中形成了一种固定的模式，不断告诉自己要懂得收敛，否则下一步就会遭殃了。就算生活一帆风顺，也要时刻小心，为厄运的突然袭击作好准备。

我们的父母会尽量让我们过得开心，对生活充满希望。但是潜意识里，他们又不希望我们自我感觉太过于良好。在他们看来，太多的积极能量反倒会破坏很多微妙的平衡关系。这样，父母和很多权威人士好像就形成了一个固定思维，让积极的能量总保持在适中的水平。久而久之，我们也就效仿了。

所以在长大后的生活里，我们也适应了这种规律，那就是生活总是会让我们一会儿快乐，一会儿伤心，然后再快乐，然后再伤心。就是因为小时候对快乐与悲伤的感知，我们长大之后总是习惯在感觉良好之后，想办法让自己坎坷一把。每个人对这种规律的反应程度不一样，有些人快乐之后会伤心一小会儿，而有些人会伤心几个小时，甚至好几天。在前不久进行的治疗活动中，我们遇到了一个非常典型的案例。

一位快 50 岁的女士刚刚离婚，正处于无限的痛苦和沮丧中，因为她老觉得自己是受害者。但是在充分发泄了情绪之后，她突然有了一种全新的感觉。其实，她非常享受这来之不易的自由，不用搭理任何人的感觉真是好极了。18 岁的时候，她就从父母家嫁到了丈夫家，从来也没有机会体验一下独自一个人生活。她说："我的朋友都认为，一个人肯定感觉糟透了，虽然我偶尔也会觉得孤单，但我很喜欢这种一个人的感觉。有一天我还写了一首诗呢！这可是我长大之后写的第一首诗！我觉得一些已经离我远去的东西，正在慢慢回归。"

我们让她好好体验一下这种美好的感受，结果不到十秒钟，她的脸上就开始阴云密布了。我们问："你想到了什么？怎么一下子又不开心了？"她说："我在脑海中听到我妈妈在说，千万别得意忘形。"她妈妈的原话是："等着瞧吧，太过得意就要坠入低谷了。"

你看，我们就是这样让自己从快乐中抽身的，这只是其中一种表现形式。积极的能量出现还不到十秒钟，我们就迫不及待要去破坏它了。

很多人可以愤怒一小时，哭泣一小时，但却只会狂喜几分钟。好像人们从童年开始，就把积极的能量密封在瓶子里，每次只放出来一点点。这样做可真是得不偿失，每回我们刚刚感觉飞入云霄，就要被活生生地拽回到现实中来。我们常常让前来咨询的客户描绘一下人生的各个阶段。令人伤心的是，每一个人越是适应了社会生活，脸上的光芒就越少。上幼儿园的时候，大家都很开心，脸上光芒熠熠；到高中的时候，就好像戴上了面具，谁都看不透；等到工作了，人人都变得像机器人一样面无表情了。

我们得好好计划一下，看看怎样做才能一直生活在积极的能量中。每个人都知道如何发泄痛苦，如何波澜不惊，但现在，我们要学的是怎样才能保持快乐。快乐是一种自然而然的感觉，是每一个人都拥有的权利，不需要任何外界的刺激。在觉醒的亲密关系中，只要你按照一些简单的步骤一步步来，就能够学会如何长时间地保持积极的能量，从而一直一直快乐下去。要做到这一点，我们需要练习一些具体的技巧。这些技巧对于我们自身的全面发展可谓意义重大。下一章我们就主要来探讨一下这些技巧。

第五章 ｜ 怎样才能源源不断地获得积极能量

你是否经常遇到这种情况：你和伴侣本来相处愉快，突然莫名其妙的，你们就开始了争吵。这是怎么回事？为什么会突然争吵？

你是否经历过这样的场景：你独自在家，心情愉快舒适。突然间脑子里塞满了各种让你焦虑的事情，大到世界局势，小到家里的地毯。为什么恰恰在你心情不错的时候会这样？

罪魁祸首就是能量上限问题。

我们通常认为，好心情维持不了多长时间，就会被不愉快的经历打败。愉快和冲突、吸引和厌烦、亲密和争吵是紧密相连的，快乐和痛苦常常联系在一起。一旦我们心情好的时候，用不了多久就会自己制造点痛苦。大多数人在与他人关系亲密的时候，总是很快就弄出点什么事来限制这种愉快的能量。同样，我们与自己和谐相处没多长时间，就容易再次陷入痛苦之中。

能量上限问题是我们描述这种独特心理倾向的术语。它是唯一一个你必须要解决的问题，因为在一段觉醒的亲密关系中，你以往所有的问题都变成了一个问题：**怎样才能源源不断地获得更多的积极能量？**当你与某人越来越亲密，积极的能量会成倍增长，远远超过你们两人各自所获得的。根据以往的情况，我们都对自己能够容纳多少积极的能量有个上限。越过这个上限，人的潜意识里就会响起警报声。如果你此时不停下来，去消化吸收这种积极的能量，你的潜意识就会想办法阻止这种能量。它的方法很简单：争吵，生病，发生意外。所以，我们都要对这个上限问题敏感起来，有意识地想办法融合积极的能量，并且想出办法一点点提高上限，从而能够容纳更多的积极能量。

世间万物都在有规律的交替运转中生生不息。人与人之间的相处也会追随一种更替模式，但很多人都选择了愉快—冲突、亲密—争吵等积极与消极交替出现的相处模式。难道我们就不能一直以积极的状态相处吗？亲密过后一定是争吵吗？其实我们完全可以有更好的选择。在积极相处之后给自己留一段休息整理的时间，然后再继续以饱满的热情积极相处。这种模式放在两性关系中就是：亲密相处→在新层次上暂停休息→亲密相处→在新层次上暂停休息。这样我们就不用在亲密相处之后，因不能突破能量上限而走向争吵、冷战。相反，在关系达到新高度时停顿休息，融合稳固彼此的关系，这样两性双方就能源源不断地扩充自己积极的能量。可是生活中很多人面对积极的能量不知所措，下面我们就来看看人们是怎么逃避积极能量的。

偏离积极的能量

很多人面对积极的能量完全是躲避的态度，这样就阻止了他们持续拥有积极的能量。忽视是最常见的一种办法。在一次晚宴上，我们看到一位客人想要赞美女主人，而女主人是这样忽视的：

客　人：烤肉做得真好吃。

女主人：火候太过了。

客　人：呃，我真的很喜欢，就像以前我妈妈做的一样。

女主人：这家肉店还赶不上我过去常去那家的一半。

其实女主人只要说一句简单的"谢谢"就足够了。当你试图向习惯忽视积极能量的人传递积极能量的时候，你是在浪费时间并且损耗你自己的能量。如果你事后感觉疲惫失望，这一点都不奇怪。忽视积极能量是一种自恋。请注意，刚才这位女主人并没有回应客人的话，她完全沉浸于自己的想法中。也许你的方式没有这么明显，但是如果你仔细观察，就会发现自己身上也存在着细微的忽视积极能量的痕迹。

我们发现，有些人忽视积极能量，就好像它从不存在一样。例如，有个与妻子一起来治疗的男人抱怨说，妻子总是批评他，从不考虑他的自尊心。妻子回答："你身上确实有很多我喜欢的地方。"他却接着说自己的，好像没听到妻子的话一样。我们询问他这件事，他像是对妻子的话没有什么印象。我们回放了录像带（我们事先进行了录像），给他看了这一段。他很惊讶，他竟然没有听到妻子说的这句话。

当人们陷入自己的思绪不能自拔时，很多交流积极能量的机会就流失了。约翰·列侬（John Lennon，摇滚音乐家）的一首歌里就表达了类似的意思：生活就在我们身边，而我们却因为手头的各种安排忙得不可开交。我们有个同事曾经参加过一个研讨会，会上有个著名的灵修大师讲了很多关于心灵的深奥道理。灵修大师说我们应该彼此相爱，有个人回应道："太对了，让我们行动吧，手拉手围成一个圈，默默地传递爱。"听到这话，灵修大师突然变得烦躁不安，这个人却继续胡言乱语。聚会就这样不欢而散了。

另一种躲避积极能量的方式是纠结于过去。如果你对过去的某些事久久不能释怀，那就是在躲避现在的种种可能。一个朋友回家度假，回来后这样说：

> 这回我可知道拒绝积极能量的危害了。我们四个孩子都从几千公里之外回家，向妈妈表达爱和关心。结果，她却怀念我们小时候假期是多么美好，而现在乱糟糟的。她还因为二三十年前的事数落我们，她抱怨我们早已去世的父亲当年给她买的戒指太小，以及很多真实但却不合时宜的事。好像每次家人们聚在一起，她都会扯到过去一些不愉快的事。

焦 虑

如果说人的焦虑也是一种能力的话，那每个人在这方面都表现得不一样。随便偷窥某个人的内心，很有可能你会发现他们都在焦虑。更有意思的是，人们往往在感觉良好的时候焦虑最多。当我们纠缠于那些恼人的烦心事时，所有美好的感觉就都偷偷溜走了。如果细心，这个过程你是可以感知的。下次等你真正感觉好的时候，注意那些开始悄悄混进来的想法。很多人告诉我们，一开始他们感觉还不错，可过不了几秒钟，内心就充满各种焦虑。

焦虑是会存在，但我们不必太过专注于这些焦虑。真正要认真关注的是焦虑的发生过程，而不是内容。现如今，信息爆炸让我们的脑子里每天都塞满了各种各样的信息，想要焦虑还愁没有事儿吗？除了通常焦虑的事情，比如孩子、房贷、健康等，你还可以为环境污染、核冬天（指核爆炸后全球气温下降）、温室效应以及雨林的破坏而焦虑。为这些事情担忧会让人感觉有正义感，这样的担忧发生得越多，就越容易促使人们采取有效行动来解决问题。事实上，压根也没什么证据表明焦虑对有效的行动有积极作用。反过来，焦虑妨碍了有效的行动倒是真的。在核冬天和健康问题上，最好的办法不是焦虑，而是采取行动。此外，我们要特别注意，这些或大或小的焦虑是否阻碍了我们获取积极的能量。

影片《安妮·霍尔》中有一个场景，伍迪·艾伦在卧室里跑来跑去，沉浸于肯尼迪遇刺案的阴谋论中，妻子让他面对现实，指责他利用这个问题逃避亲密关系。他停下来，想了一会儿说："你说得对。"但愿我们总能这样友善地发现，并且放下对亲密的防卫。

情感关系中也存在同样经历。两个人越来越亲密，积极的能量开始集聚。但是其中一人的上限按钮被按下，焦虑散发到了空气中："哎呀，亲爱的，你怎么能忘了修楼上的马桶？"砰！能量的气球爆炸了。积极的能量一旦减少，就不那么容易再恢复起来。

争　吵

在亲密关系中，争吵是阻止积极能量最普遍、最可预见、最有效率的办法。我们经常在咨询的时候听到这样的话："我们一直非常亲密，然后不知怎么的，就突然吵得很厉害。接下来需要几个星期才能和好。"大多数人没有意识到，他们究竟为什么争吵。纠缠于争吵的内容很有诱惑力，通常双方都很善于发现那些很难说清谁对谁错的事，于是大家谁也不让步，吵个不停。

一旦人们将注意力都集中在争吵内容上，就不大容易注意到过程。而最要注意的恰恰是争吵的过程，而不是内容。意识到这一点，是解决争吵问题的关键一步。这就像神秘的侦探工作一样，需要细心观察。

一对夫妇找到我们，他们已经吵得不可开交。我们发现他们只围绕争吵的内容纠缠不清，比如到底谁对谁错，谁说了什么，谁做了什么。一旦陷入这样的游戏，什么解决办法也不会奏效了。仔细询问后我们发现，原来吵架是在三天前的晚上，约翰向萨莉求欢不成才闹得不愉快。进一步调查后我们得知，他们的亲密关系已经维持一个星期了，双方都需要与这种亲密感保持一点距离。可谁也不肯主动要求独处的空间和时间，所以他们的潜意识就想办法确保他们保持距离。

无意识行为

当你下意识地按照旧有的行为模式处事时，你是无意识的。这就好比你坐上了一辆自动驾驶的车，它往哪儿开不受你的控制，而完全受旧有模式的控制。人的成长跟从睡梦中醒来差不多：从旧有的模式中走出来，学习如何获得现在你真正想要的。

关于无意识行为，一对三十几岁、事业成功的夫妇让我们印象深刻。他们不知道彼此到底怎么了，但他们清楚自己陷入困境至少一个月了。在追问困境何时何地开始的时候，我们发现在这之前，他们经历了一个相当亲密的阶段。事实上，亲密感是他们两人共同创造的，他们承诺彼此完全忠诚于对方。接下来的几天，他们无比幸福，可在那之后他们就进入了无意识状态。他们的承诺以及随之而来的亲密感，启动了能量的上限开关，于是"自动驾驶状态"出现了，他们对彼此的情感失控了。

我们让他们仔细体会一下现在的感受。他们都说很疲惫、沮丧，妻子竟然一边说一边在打呵欠。我们要她继续打呵欠，打个更大一点的呵欠，把呵欠下隐藏的所有情绪都释放出来。她照做了，有那么一刻，她像是要昏过去了。接下来，她痛痛快快地宣泄了一通。情绪平稳下来后，她告诉我们，她想起了12岁时的可怕记忆。当时，牙医要给她打麻药，而她害怕被麻醉剂控制，坚决不同意打麻药。牙医很生气，厉声说："嘴张大点！张大点！"可她觉得自己怎么也张不开口了，再张口她就要死了。于是她开始产生幻觉，似乎在恍惚中看到了那些在纳粹毒气室死去的亲人。

人们在生活中产生的某些意识，有时比最有想象力的小说还要令人难以置信。在上面这个例子中，丈夫更进一步的亲密要求，触发了她在儿时就埋下的恐惧，她害怕失去自我控制，只能通过疲惫、瞌睡、陷入困境等方式把恐惧赶出内心。可事情偏偏就是这么巧，她害怕的恰恰是丈夫需要的。丈夫小时候渴望与母亲亲近，可母亲总是从他身边走开。在目前的两性关系中，他希望获得更亲近的感觉，事实上他也得到了，可是他却发现，他们在一起的时候，妻子常常打呵欠，很疲惫。他们的亲密导致这些连锁的反应循环往复，结果一个月的时间里，他们都处于无意识状态。

这个例子很极端，部分原因在于，它牵扯到麻醉剂带来的真正的无意识状态。但是每一天，我们都会受到已有模式的控制，在一些很小、不易察觉的方面变得无意识。这些模式使我们远离现实，破坏了我们潜意识的意愿。要解决这个问题，唯一的办法就是从过去醒来，留意我们是从什么时候开始，又是怎样走上无意识之路。如果能够注意到无意识的过程，就能够保持清醒，也能更持久地接收积极的能量。

压抑情感

人在接近能量上限时，潜意识可能会关闭情感。接下来人们就会缺少活力，无论是内心感受还是与他人的关系都将变得死气沉沉。没有情感，正如你播放歌词却没有音乐。情感是亲密关系中的血液，必须得到滋养，这样亲密关系才能旺盛地生长。

> 泰瑞发现与鲍勃在一起时，自己总是莫名其妙地生气。她会想些鲍勃做过或是没做过的事，想着想着就生气了。如果她能认真研究这种情感就会发现，这完全跟她和父亲之间的关系有关，她父亲20年前离家出走了，她对此一直耿耿于怀。但是她选择不去面对这种愤怒，而是把它赶出脑海，告诉自己愤怒是不对的。

我们可以把情感比做早上叫醒的电话铃声，如果你用枕头蒙住头，可能会把铃声挡在外面，但你并没有让铃声消失，枕头蒙在头上会完全妨碍你听到铃声。泰瑞就是这么做的，压抑愤怒，逃避与愤怒相关的老问题，导致她失去能量。很快她发现，自己害怕和鲍勃做爱。性一直是他俩关系中的强项，当热度不再时，她知道出问题了。我们请她想想，这种了无生气的状态是何时开始的，她发现一切都起于自己隐藏愤怒，并强行把愤怒驱逐出内心的时候，可她并没有去探寻愤怒的原因。在治疗中，她慢慢地把对父亲的怒气消解了，也不再动辄对鲍勃生气了。电话铃声就这样停止了，她又找回了久违的亲密感。

谎言和破坏协议

我们在前面的章节里讲过，要想在两性相处中获得持久的亲密感，就一定要做到这两步：**说实话和遵守协议**。可是人们发现，当能量到达上限时，这两步就很难实现。于是，撒谎、破坏协议就会阻碍积极能量的传递。由此带来的各种问题，又需要更多的时间、能量和关注才能解决。而两性原本可以把这些能量保存下来，彼此支撑，共走美好人生路。

不说实话、不履行协议不仅会影响亲密的两性关系，还会引起人们所处团体内的摩擦。从教会到公司，任何团体都不可能避免摩擦的影响。想想看，如果没有摩擦或是只有一点摩擦，人们会取得多少成就！如果我们不把能量浪费在清理因隐藏真相和破坏协议导致的麻烦上，工作效率会有多高！

在这里，我们同样要注意撒谎和破坏协议的过程，千万不要只关注到底撒了什么谎，破坏了什么协议等内容问题。内容也许重要，但过程更重要。破坏协议的表现可能很简单，比如，在商店里你就是没买牛奶。事情看起来微不足道，但你为什么没买牛奶，这个才是重点。也许就是因为你和恋人的亲密关系维持了一段时间，超过了能量上限，潜意识就跑出来搞破坏，该买的牛奶也没买。这时候你需要问自己：我什么时候破坏了协议或者隐瞒了真相？是在亲密了一段时间之后吗？我在什么地方、怎么说谎的？结果是不是导致了我们的关系下降到能量较低的水平？

面对并接受结果

研究无意识行为有哪些影响的最好方法是，去看看它导致了怎样的结果。

例如，你和爱人度过了一个非常亲密的周末，然后在周日晚上双双感冒。你可能会说："我们当然不想感冒。"但是等一下，请看看最终的结果。你感觉很好，然后你就病了，这是怎么回事呢？下面再举个例子。丈夫同意每周四把垃圾带出去，可到了那天他忘记了，妻子就生气了，接下来就是吵闹，之前和睦的气氛也瞬间消失了。丈夫说：

"我又不是故意忘记的。"但是等一下,我们来看看结果:和睦的气氛被破坏了。我们要习惯于观察自己导致的结果,不要以为这样的结果只是巧合。能做到这一点,对于维系任何一段关系都很重要。

最明智的做法就是,无论结果是什么,你都把它想成是自己最想要的。但一般来说,很少能有人用这样的心态看待生活。出现负面的、痛苦的结果时,真的需要很大的勇气才能说:"是的,这样的结果多多少少也确实是我想要的。"在觉醒的两性关系中,双方一定要就这个问题达成一致:"我们得到的就是我们想要的。"从责任感和创造性的角度出发,只有这样才能获得真正亲密的两性关系。

能量上限问题

我们已经试验了很多种创造性的办法来解决能量上限问题。通过下面的办法,你就可以源源不断地接收到积极的能量。有些办法已经在第四章说过了,这里只简单提一下。你可能会经历一些特别体验,就把这些体验和想法当成指导,一步一步走下去吧。

保留个人空间

要想让两性关系生机勃勃地成长,你必须保留自己的独处空间,同时也要为伴侣创造独处空间。从亲密关系中暂时抽身,为更高层次的亲密做好准备,这绝对是正确的。同样道理,你也要让伴侣拥有自己的空间。就当是刚刚跳完热情洋溢的吉特巴舞,暂时中场休息,然后再回到舞池中。

一对夫妇陷入了一种周五／周日模式：周五晚上吵架，阻碍了周末的亲密活动；或是周日晚上吵架，破坏了美好的周末时光。通过学习保留彼此的空间，他们找到了一个有创造性的解决方法。

他们的做法是，在周五晚上见面之前，各自保留一点自己的空间。下班之后，他们没有急着冲回家待在一起，而是各自待了一个小时，休息、沉思、清除掉工作状态。这样，他们再见到彼此的时候，就有能量去亲密了。

周日的策略也有些类似。周日下午，他们各自保留一到两个小时的个人空间。丈夫通常出去散步，而妻子要睡个午觉，等休息好了又愿意去亲密了，他们才一起吃晚餐。

我们已经帮助很多夫妇采取办法来保留个人空间，事实证明，人们在保持积极的能量方面总会出现奇迹。其实道理很简单，你肯定不愿意工作一整天后，晚上还接着干活不睡觉；也不会在吃完一顿大餐还没来得及消化，就又想再吃一顿。亲密也是同样道理，你需要时间独处，来消化亲密带来的强大能量。每一次翩翩起舞之后的休息，都是为你再次踏上舞池、跳出更美的舞姿作准备。

通过练习你就能学会，在出问题之前保持空间。举例来说，贝文和埃德发现了导致他们持续数周出现问题的能量上限模式。他俩结婚不到半年，在两周异常亲密之后的一天，贝文去上班前，注意到体内出现了微弱的"关闭感觉"。上班时，她疲于应付各种事务，于是忘了这种感觉。其实这种感觉是她身体发出的第一条警示，提醒她应该保持自己的空间。快中午的时候，她跟同样在上班的埃德通电话，说着说着，突然觉得跟他出现了距离感，这是提醒她保持空间的第二条警示。那天晚上，她和埃德因为买错了培根争吵了五分钟，这是第三条警示。第二天早上，埃德在前院铲雪，贝文走出来，两人说着说着，就为一点小事争吵起来。那天晚上他俩谁也没睡好，第二天都感到很累，也很奇怪怎么就变成这样了。

解决这个问题的时候，他们有了几个重要发现。贝文发现，她的身体已经给过她第一次提示，提醒她该保持空间了，可她给轻易忽略了。后来又出现了两次提示，她还是忽略了，直到最后和丈夫剧烈地吵起来，她才开始意识到这个问题。

她决定下次要对潜意识里的提示更敏感，这样就不必非得升级到争吵，才想起保持各自的空间。

说出内心的细微感受

尽管这一点在前面的章节中已经谈过了，我们还是想举例说明，如何在能量上限问题中使用这个办法。

一天，玛吉对提姆说，她发现提姆有个习惯，两人亲热的时候，提姆有时会对她有个不明显但绝对恶毒的评论。提姆平时不这样，所以玛吉觉得这是他抵触亲热的方式。提姆同意这个说法，觉得自己确实如此。后来当提姆又一次无意识地这么做的时候，玛吉要求他敞开内心，说出真实的感受。提姆说他"肠胃很紧张"，总觉得有一股强烈的恐惧感在胃里和胸腔里翻滚。在玛吉的鼓励下，提姆说出了实话：他非常害怕被玛吉抛弃。他觉得如果放弃抵抗，任自己与她亲密，就会像母亲去世时那样被抛弃。这样的痛苦会毁了他。所以，在能量到达上限时，他会说些恶毒的话推开玛吉。最终，玛吉感谢他说出真话，并且保证在任何情形下都不会离开他。他们之间恶毒评论的模式就这样停止了。

不是所有的负面模式都会因为说一次细微感受而消失。所以，最好把这当成是一种生活方式，而不是一种特别的疗法。如果能做到这样，那么当你面对亲热障碍时，你肯定会更轻松。发现障碍，说出内心的真实感受，这是消除障碍最有效的方式。

清除灰烬

当你的积极能量非常充足，就要超出上限而滑向负能量的时候，你该怎么办？

我们在研究中发现了一种独特的现象，姑且称之为"清除灰烬"。人作出改变就像是在体内移动大量的能量，两性关系的迅速转变也和能量的移动一样。当人们发现并迅速摆脱旧有的相处模式时，体内往往会有一种特别的感觉，就像是这种改变的副作用。这种感觉像是血管里有杂质，十分不清爽。然后你会觉得疲惫，有时候还会瞌睡。这就是我们所说的"灰烬"。之所以这么称呼是因为，每次发生迅速的变化，燃烧了大量能量后，它都会如期而至。每每这时，你可能会想躺下来休息，但这种做法无疑是不可取的。

清除灰烬最有效的办法是深呼吸和运动。有时即使几分钟的深呼吸或快舞，都能驱散你体内覆满灰烬的感觉。你一定会很吃惊地发现，覆满灰烬的感觉这么快就可以缓解。然而，如果你带着体内的灰烬躺下休息，就会发现醒来后灰烬仍在那里，有时会更严重。大家都知道，体内70%的毒素可以通过呼吸排出去，一小部分毒素还能通过排汗、排尿和排便解除。这就解释了为什么灰烬（还有其他毒素）可以通过加快呼吸的运动最有效地排出去。

我曾经听美国最大的心理健康中心的主任说过，大多数心理疾病可以依靠每天一小时独自跳舞来治愈。依据我们对灰烬的论述，这么说是很有道理的。如果你可以每天清除灰烬，那你就不会出现大问题。人类学家阿希礼·蒙塔古（Ashley Montagu）是我们见过的一位非常健康的老人，不管有没有舞伴，他每天都会跳一个小时的舞。我们把这种理念用于日常治疗实践中。当有人因为纠结于某个问题来我们这里，我们不会像其他治疗师那样直接与他交谈，而是先让他深呼吸、运动。具体怎么做呢？看看这段记录：

> 客　户：这个星期我觉得有点抑郁。
>
> 治疗师：你身上哪个地方觉得抑郁？
>
> 客　户：（停顿）哦，就是有点沉重。
>
> 治疗师：你主要觉得哪儿沉重？
>
> 客　户：肩膀上，前胸也觉得很沉。
>
> 治疗师：深呼吸，让肩膀和前胸跟着活动起来。
>
> 客　户：（深呼吸，随着呼吸活动肩膀和前胸。开始啜泣。）
>
> 治疗师：保持住，让眼泪流出来。接着深呼吸。
>
> 客　户：（哭了几分钟，然后停下来。）
>
> 治疗师：现在身体感觉怎样？
>
> 客　户：轻快多了，更放松了。
>
> 治疗师：接下来我们谈谈这星期都发生了什么事吧。

我们用五分钟左右的时间，让客户用身体去体会抑郁，以及抑郁背后的具体感受。用呼吸和运动来驱除抑郁，很容易就能让身体放松下来。想通过谈话就走出压抑很难，但是通过呼吸和运动却很简单。在你感觉能量上限问题来临的时候，花几分钟时间深呼吸，或者轻快地走一会儿；打开音乐，随着音乐起舞，是安静地跳还是狂野地跳，随你的心情。有时只是几次深呼吸或者流点汗，你就会再次感到清爽。

跳舞、散步和跑步都是清除灰烬很好的方式，它们能让你脚踏实地地平静下来，重建内心的平衡。

鼓励身体接触

我们这个社会害怕拥抱，或与他人身体接触，如果我们能学着去给予、去接受身体的接触，就会在很多方面改变我们的生活。举个例子，盖伊生长于一个缺少身体亲密接触的家庭，他记录了自己有意识地改变这种模式的前后变化：

> 记得十岁的时候，参加完祖母兄弟的葬礼，我看见祖父挽着祖母的胳膊离开。当时我盯着这种陌生的举动看，因为之前我从未见到他俩有过肢体上的接触，要知道我从很小的时候就和他们生活在一起了。在和凯瑟琳一起生活的第一年里，我的确仔细观察过，那些与性无关的接触让我多么不自在。凯瑟琳对于肢体触碰非常自然，从我身边走过时经常拥抱我或是抚摸我一下。她也喜欢在早晨醒来的时候，依偎着我继续睡一会，而我则习惯于直接翻身从床上起来。有时我发现自己有点害怕拥抱或是在背上拍一下。我意识到，所有这一切都是因为我害怕触摸，因为我从小生活在 20 世纪 50 年代的大男子主义世界中，家里人也缺少肢体接触的习惯。毕竟，你不可能看到约翰·韦恩（John Wayne，好莱坞影星，以扮演西部片中的硬汉著名）拥抱任何人。他只会打人、开枪，或者偶尔和女人上床，但至于说拥抱，那是绝对没有的事儿。
>
> 当我克服了过去的思维模式，学会更自在地给予和接受

身体接触时，我发现了自己身上的几个变化。第一，我更能触摸到自己的感觉。允许自己接受他人的身体接触，使我内心更放松，这让我更容易进入自己的内心世界。第二，我的皮肤过去一直又干又粗糙，现在变得更健康了。第三个变化我可以凭直觉感知但没法证明，那就是我觉得自己整个人更健康了。以前我一年要得几回感冒，一般在季节变换的时候肯定逃不过。现在我却连流鼻涕都极少有了。过去十年我只记得自己得过一次感冒，那次恰好是我在中国西藏独自旅行了三个星期。对此我很满意，因为我证明了许多研究表明的结果，即"身体接触会带来健康"。

关注需求

弄清楚你想要什么，并且表达出来，这是你能够学到的最有效的技巧之一。学会这个技巧并不容易，因为大多数人根本不明白自己到底想要什么，更不用说把需求表达出来了。我们当中只有极少数人会在成长过程中受到鼓励，直接表达自己的需求。大多数人会习惯隐藏起自己的需求，要么以抱怨或发脾气的方式表达出来，要么仰仗别人来告诉他们，他们需要什么。如果你能弄明白自己想要什么，并且清楚地表达出来，你就会很惊讶地发现，这一生中你能取得的进步有多大。在觉醒的两性关系中，每个人都要关注自己和对方的需求。明确自己想要什么，找到愿意支持你得到所需的那个人。同时，你也要支持对方朝着自己的目标前进。

在觉醒的两性关系中，我们只需要解决一个问题：怎样才能源源不断地获得更多的积极能量。首先，你要有随时发现能量边界的能力，慢慢训练自己找到更好的方式，来度过两个亲密阶段之间的独处时间。不要把自己又拽回到旧有的相处模式中，找一个更积极的方式重新建立能量平衡，为更进一步的亲密作好准备。最终，随着时间的流逝，通过不断的练习，你将学会在积极能量不断发展的状态中保持平衡，你们的情感关系也将在彼此的创造中不断成长。

即使是最和谐的两性关系也会出现矛盾。针对这些不可避免的曲折，我们设计了一套特别的解决方法，帮助你快速朝着不断发展积极能量的方向前进。这就是我们下一章的主题。

第六章 | 找到矛盾的源头

很多时候，人们心烦、难过、争执都不是因为那些自以为的表面原因。我们接触过的夫妻通常一开始就谈论他们认定的矛盾，结果很快发现，要解决这些矛盾还要牵扯到他们从未考虑过的其他问题。我们不妨把矛盾看成是水面上的一串泡泡，水面的大泡泡是由水下深处看不见的东西产生的。大泡泡很容易吸引我们的注意力，因此大多数人都纠结于矛盾的表面现象，而我们真正需要做的是，潜到矛盾的底层，从源头上解决它。

我们设计了一套解决矛盾的策略，能够让你快速找到矛盾的源头。它与人们通常解决矛盾的办法不太一样。通常的做法就是道歉，并保证下次做得更好，但这样做会造成更多的矛盾，因为它没有触及矛盾的根源。学会练习这一章里的技巧，你会发现矛盾比你想象的要少得多。就算出现矛盾，你也有办法快速解决，不会让它反复出现。

结束权力争斗

权力争斗在纠葛中很常见。很多矛盾都是因为双方争论谁对谁错，到底问题出现在哪一方时产生的。在觉醒的两性关系中，双方都要对矛盾的产生承担 100% 的责任，一定不要出现权力争斗。

要解决权力争斗，你可以这么做：

1. 承认一方错另一方对；
2. 承认双方都错；
3. 承认双方都对；
4. 放下争斗，找到双方都能接受的更明白的方式。

从长远讲，前三种方案都行不通，因为谈对错本身就是权力争斗。只有双方都同意为产生的矛盾负全责，权力争斗才会结束。双方都要从自身寻找矛盾的根源。记住，只有当双方承认所发生的事源于他们自身时，觉醒的亲密关系才会开始。下面的例子中，这对夫妻几个月来纠缠于权力争斗，最后他们放弃了前三种方案，结果矛盾解决了。

卢和辛迪在一起三年了，在这三年里，他们一次次围绕同一个问题没完没了地争吵，用他们自己的话说，"大概有 118 次"。问题在于辛迪与前夫的儿子布莱恩。卢和辛迪结婚的时候，布莱恩正处于最叛逆的少年期。卢和布莱恩一开始见面就不喜欢对方，他们的关系一直不好。

卢和辛迪之间的矛盾是这样的：当卢对布莱恩的行为不满时，就指责辛迪不会教育孩子，辛迪就为自己辩护，通常把问题归咎于布莱恩的亲生父亲，吵来吵去两人之间的战争就逐步升级。矛盾出现了他们总得解决矛盾。争吵一两天之后，辛迪就屈服认输，承认卢是对的。她会因为布莱恩的问题责备自己，希望自己压根儿就没生下布莱恩。就是说，他们选择了方案 1，承认一方错另一方对。这只会暂时让卢满意，但只要布莱恩再次闯祸，他们还是会吵。

处理这个矛盾需要两个基本认识。我们刚接触卢和辛迪时，问他们是否愿意解决矛盾。他们立刻说愿意，但又马上指出矛盾的根源跟他们没关系，全是布莱恩的错。我们问他们是否愿意不追究谁的错，只来解决矛盾。他们同意了，这就为接受第一个认识奠定了基础，即他们把布莱恩当作了他们的上限问题。每当抵达亲密关系的能量上限时，他们就会通过挑剔布莱恩来破坏掉亲密感。其实，布莱恩在这里为他们提供了可供关注的对象。

第二个认识是，学着对矛盾负 100% 的责任。当卢从自身寻找矛盾的根源时，他发现布莱恩很像自己当年的样子。他和布莱恩的关系就像当年他父亲和他的关系一样，十几岁那些年是他生命中最差的一段时光。这个认识使他和布莱恩的关系完全改变了，而且最终，他和他的父亲也开始了重新沟通。

卢开始转变态度，布莱恩也放下了对卢的愤懑防卫，开始与他建立亲密的感情。正因如此，我们才说大多数时候，人们并不是为自以为的表面原因而心烦。

辛迪意识到，为自己养育布莱恩的方式感到内疚，实际上妨碍了她采取有效行动来解决争吵问题。她发现，只要布莱恩行为恶劣，她就有理由倾泻对前夫的愤怒，并且说"我早告诉过你"这样的话。所有这一切都使得她自己心情不好，也不能享受现在的家庭。她决定改变这一切。她联系了前夫，与他和布莱恩进行了几次长谈，这也使得布莱恩的行为有了改善。她还给布莱恩联系了学校的心理咨询，以帮助他实现自律。

自从卢和辛迪共同携手作出改变，所有的事情都在向好的方向发展，看到这一切真令人振奋。

携手解决矛盾的过程

接下来要阐述的解决矛盾的过程主要围绕 7 个问题进行，每个问题都是人们在两性关系中会遇到的典型问题。在解决一个情感困境时，这 7 个问题不需要全都用上。每一个问题都很简单，但是包含了无限的可能性。你可以就一个问题反复问自己，每一次都能得到新的答案。

在使用这样的问题解决两性矛盾时，我们要更关注问题而不是答案。探索问题的作用不在于寻求答案，而在于它开启的意识。通过问问题，把早先以为的答案都抛诸脑后，这一点非常重要。很多问题的出现就是因为，我们原先以为的答案是无效的。只要你能真诚地探索一个问题，就能开拓思路，找到新的解决办法。

我们会针对这 7 个问题进行详细描述，并附上解决情感矛盾的实例。

7 个问题

1.我感觉怎样？

2.我的需求是什么？

3.原生家庭对我有什么影响？

4.我该怎样走出困境？

5.我有哪些心里话要说？

6.我破坏了什么协定？

7.我怎样才能帮助对方？

我们有很多客户和研讨班学员会把这 7 个问题抄下来，贴在浴室镜子上或是冰箱门上。反复问自己这些问题，不用担心它们会过时。

我们将以拉里和露丝这对夫妇做例子，来展现运用这些问题解决矛盾的过程。他们深受感情的困扰，已经处于离婚的边缘。六个月来他们不停地吵架，深陷权力争斗中，用他们的话说，"一半时间在吵架，一半时间不说话"。我们遇到的第一个难题是让他们都发自内心地想解决矛盾。任何一位治疗师都知道，夫妻俩一起来咨询并不意味着，他们愿意解决矛盾，有时他们仅仅想证明，他们之间的关系维持不下去了，或是证明的确是对方的错。只有双方都愿意解决矛盾，我们才能开始有效地工作。单单让拉里和露丝达成一致意愿要解决矛盾，就花去了一个疗程的时间。但一旦达成了这一点，接下来就进展得异常顺利。

1. 我感觉怎样？

我们让他俩面对面站着，说出彼此对对方的真实感受。我们希望他们关注身体上的切实感觉，到底哪儿不对劲，不要用自己的想法揣摩分析，要关注"我很害怕"或是"我很生气"这些显而易见的客观事实，至于是什么原因导致的暂且不论，否则人们很容易陷入错误的解决办法中，从而火上浇油。在拉里和露丝交流心里话的时候，我们指导他俩要关注交流的过程。人的情感很复杂，有丰富的层次性，很快拉里和露丝就把各个层面上的感受都体验了个遍。首先是讲出那些让他们生气的事情，然后他们交流了对彼此的伤害，最后浮现出来的是他们心里的恐惧。拉里很害怕露丝生气，她一生气他就退让。露丝则害怕拉里离开她，对此拉里心知肚明，他还经常利用这一点来操控她。每次和露丝闹得不可开交，拉里就使出撒手锏——提离婚。有时这会让露丝就此服软，正中拉里的意；有时却让露丝更生气。经过这一阶段的咨询治疗，他们两人内心都找到了更深层次的真实感觉。二人离开时，我们布置了家庭作业，那就是思考第二个问题——我想要什么？

2. 我的需求是什么？（把抱怨变为请求的艺术）

在这个问题上，露丝和拉里思考了一周，却没有多少进展；事实上，他们又陷入了困境。他们第二次来的时候，我们知道原因了。他们把问题调转了方向，列举了所有他们不希望对方做的事，关注负面信息又引发了几次争吵。因此他们来的时候，又觉得灰心丧气了。我们告诉他们要明白自己想要什么，帮助他们把抱怨变为请求。他们的大多数抱怨，都是可以变为积极的请求的。下面我们就来看看，他们都抱怨些什么。

露　丝：

拉里回家晚了从不事先打电话。

他从不管教孩子。

他在家老谈工作上的事情。

拉　里：

我从来没有自己的时间。

我一到家露丝就向我传递一些坏消息。

我们在一起时不像以前那样快乐了。

我们要求他们针对每一条抱怨，把需求也写下来。以下是他们想要对方做的：

露　丝：

我希望拉里如果晚回家超过半个小时能打个电话。

我希望拉里能花精力管教孩子。如果他说某件事孩子们不能做，一定要真的管住他们不去做。

我希望拉里能多和我聊聊天，别回家了还总是工作不离口。

我希望拉里能花点心思理财。

我希望拉里能分担家务，最好每周洗一次衣服。

拉　里：

我希望每周能有一晚自由时间，我可以做任何我喜欢做的事，不必非要跟露丝和孩子们待在一起。

我希望露丝在我每天回家时能对我好点，支持我，别老用一堆坏消息让我沮丧。

我希望和露丝在一起时过得更开心。

这一步在他俩的关系中产生了积极的影响，两人在弄清楚对方想要什么之后感觉好多了。出现矛盾的时候，通常你有两个选择：可以感到难过，也可以想想自己需要什么。当你放下难过的情绪，主动探求内心需求时，幸福才会敞开怀抱。只要双方把抱怨变为请求，任何不愉快的关系都会得到改善。

3. 原生家庭对我有什么影响？

拉里和露丝在问了自己这个问题之后，关系又有了进一步的改善。当发现目前的相处模式在30年前就已经形成了，他们简直难以置信。你可能记得，拉里害怕露丝生气，但他有时候好像故意去惹恼露丝。这是怎么回事呢？回首原生家庭，拉里发现原来自己和母亲之间的相处就是如此。母亲很慈爱，但也经常用生气来控制家人。拉里小时候常常感到困惑，不知道母亲会给他一个拥抱，还是会冲他大吼大叫。母亲与父亲的相处也是这样，他们要么大吵一架，要么其乐融融。露丝害怕被抛弃的恐惧感，也可以从原生家庭中找到原因。她8岁的时候父亲离家出走，全家在经济上陷入了困境。露丝非常害怕被抛弃，所以拉里就可以利用这一点控制她。

露丝和拉里花了五分钟时间弄明白了一件事——他们的矛盾不是现在的生活引起的，而在很久以前就出现了，他们不过是把那些尘封已久的故事重新搬到了彼此的生活中。认识到这一点是个重要的转折点，他们就此变成了同盟，而不是敌人。他们把对方看成是彼此支撑的力量，共同探寻原生家庭是如何影响现在的。两个人也不再给予对方压力，因为他们知道，之所以会出现矛盾也都有自身原因，既然如此，一味地指责对方又有什么意义呢？

4. 我该怎样走出困境？

露丝和拉里意识到，他们争吵之后的结果是，坚持认为对方是错的。每次吵架他们就更坚信一点："就是因为这个人的存在，我才怎么做都不对。"另一个较为严重的后果就是，他们的人生能量受到了限制。终日吵架使他们无暇顾及人生中更重要、更现实的问题，他们对这些年来的事业成就似乎也不太满意，无论是作为个人还是夫妻，他们都没能发挥出潜能。其实第4个问题也可以这样问："是什么阻碍了我们去开拓，去行动？"拉里和露丝正面临人到中年的一些重要问题，比如，还要不要像曾经梦想的那样干一番事业？他们最初在一起的时候，梦想着创立一个中心，唤醒人们的生态意识，并且在社区开一家回收公司。因为他们长期的权力争斗，这个梦想越来越遥远。治疗过程中，我们要求他俩直接作为盟友去解决这个问题，不要再用矛盾做烟幕。最终，他们一起列出了实现梦想的行动清单。

5. 我有哪些心里话要说？

接下来要探索的是第 5 个问题："我有哪些心里话要说？"他们有很多话要说，在半个小时的时间里，他们面对面倾诉了自己隐藏了多年的话。很多心里话他们都想到一块儿去了，但之前谁也没告诉过对方：

- 有时我希望我还是单身或没有孩子。
- 我对别人有过性幻想。
- 我厌烦这种精致而复杂的生活方式。
- 我希望我们能住在乡下。
- 我讨厌孩子们那么粗鲁。

此外还有很多，单是上面这些已经能看出，他们确实是勇敢地说出了心里话。每次说出一句重要的心里话，另一个人都会有反应。比如，当说到对别人有过性幻想时，另一个人都会很生气。但生气归气，这种时候，一定要把你的真实感受说出来。（比如："你一说吉娜对你很有吸引力，我就怕你要离开我。"）大多数人害怕对方的反应，所以就选择不说实话。像其他夫妻一样，一开始露丝和拉里因为说了实话而激烈争吵，还要惩罚对方。然而，经过治疗，他们已经能够自由地说出内心的感受，不会再有争吵。

6. 我破坏了什么协定？

第 6 个问题——"我破坏了什么协定？"——捅开了人们常说的马蜂窝。拉里承认两年前有过一次"无关紧要的小小婚外情"，结果露丝爆发了，拉里也惊呆了。他母亲的影响又回来了。露丝越是询问婚外情的细节，拉里就越是退缩，感到无声的恐惧。我们又花了三个疗程的时间才把这一场风波处理好。有几次争吵已经渐渐平息，却又死灰复燃，开始新的一轮指责和辩解。但他们一直守在一起，讲真话，也倾听对方的真话。这样的效果很不错，过去隐藏的实情说出来之后，拉里觉得整个人焕然一新，气色和体态都有所改善。隐瞒会给人带来很大的心理负担，这负担要多大就有多大。而露丝在表达了被欺骗的感受后，看起来也更有活力了。过去露丝总认为有些事不对劲，而拉里却说她神经质、偏执。要知道，即使实话伤人，那也比被蒙蔽的好。这件事实际也在考验他们，能否在绝对的实话面前仍然彼此扶持。在觉醒的两性关系中有一点非常重要，那就是你是否真正希望对方充满活力地生活。要做到这一点，最好的办法就是，知道对方所有的心里话。拉里和露丝在这一点上经受住了考验。

7. 我怎样才能帮助对方？

最后一个问题——"我怎样才能帮助对方？"——把拉里和露丝带到了两性关系的一个新维度。他们开始以崭新的视角看待彼此的关系，即他们是爱和积极能量的主动创造者，而不是被动的消耗者。于是他们开始把注意力放在如何支持对方充分创造爱，如何让他们的爱持续生产积极的能量上。除此以外，他们也会讨论一些相关问题，比如："我怎样才能帮助你实现目标？"他们不把对方看作对手，而是手拉手，以共同创造者的姿态面对未来。接下来的一年真可谓见证奇迹的一年。（用觉醒的态度来对待生活，"魔法"就会随之而来。）世界就是这样，它会帮助那些创造积极能量而不是消耗能量的人们。拉里签到了一份重要的软件合同，合同规定他可以在家办公。这样，他们搬到乡下去住的想法就能实现了。他们搬到了一个远离市中心的小社区，过着简单平静的生活，两个人对新生活也都适应得很好。至于开回收公司建生态中心的梦想他们做了折中，最后买了一家国内最大回收公司的股票。

　　有些矛盾会在探索一两个问题之后就解决了，而有些长期的矛盾则需要多次、仔细、耐心地探索上述问题。不管是在我们的私人生活还是职业生涯里，我和爱人都会不断思考这些问题。建议大家也这么做，不断思考这些问题，一直到这些问题自动成为你思维的一部分。如果你能在心底用这7个问题审视自己的日常生活，就会避免很多情感困境。即使你真的处于情感困境，你花在解决矛盾纠纷上的时间也会大大减少。

　　矛盾出现时，要从自身探寻矛盾的根源，不要把责任都推到别人身上，这样才会让魔法显灵。当你想解决某个矛盾，并开始思考这7个问题时，魔法很快就要显现了。词典上对魔法的一个定义是："制造出意想不到的奇迹。"下次你再出现矛盾的时候，学着运用这7个问题，看看你会得到什么样的奇迹。

第七章 | 坦然面对真实的情感

在处理感情这件事上，很多人都处于幼儿园水平。这也没什么好自责的，毕竟学校里从没教过如何应对情感问题的课。我们的教育存在着这样一个社会盲点，真是令人难以置信。没人会因为地理没学好而被投入监狱或是精神病院，来这两个地方的都是在情感上出现问题的人。这一章我们将深入探讨情感这一主题，这是情感速成课，真希望我们在小学一年级时就上过，结果我们现在却不得不通过生活中犯的一堆错误，或是帮助别人解决情感错误来学习。

大多数情感问题的出现，都源于我们对自己、对他人隐藏了情感。如果我们在情感意识上稍微有点基本训练，这些问题就不会产生。关于情感，我们需要知道哪些呢？**答案很简单：（1）感觉到情感；（2）以细心直接的方式与自己或别人交流情感。**如果人们遵循这简单的指导原则，就不会出现那么多诉讼案件、吵架和离婚了。下面举个例子：

> 赫布是名 39 岁的会计师，手下管着其他几名会计和十几个助理，他负责向公司的老板及其高级合伙人汇报。我们第

一次见到赫布时，他很抑郁。抑郁是第二位情感，通常是因为不能处理好第一位情感——愤怒——时才会出现。换句话说，如果你不能有效处理愤怒，最终在内心会有毁灭的感觉。这种感觉就是我们所说的抑郁，但它的真正根源是愤怒。赫布就是这样。他的老板亨利是个60多岁的独裁者，强烈要求凡事都必须按他的意愿去办。赫布经常生这人的气，但又不知道怎样有效地处理怒气。他没有向亨利表达过，因为他害怕被解雇。

另外一件让赫布觉得郁闷的事，是他跟小儿子不亲近。赫布跟他6岁的女儿很亲密，但与4岁的儿子很生疏，这件事导致他和妻子有矛盾。妻子感觉到了他和儿子之间的疏远，想要他们亲近一些。糟糕的是，赫布把所有不满和怒气隐藏得很好，就连他自己都没意识到他在生气。我们用了几个星期的时间，才让他发现自己体内的怒火。当赫布最终发现他经常因为老板亨利生气时，他的抑郁就开始好转了。这儿有个关键的理念：仅仅是承认某种重要情感的存在，我们实际上就已经走上了治愈的过程。

赫布开始寻找其他方式来处理这种情感。他过去的策略——隐藏愤怒、焖煮怒气——只会让他抑郁。现在他需要一种新的策略。我们问："为什么不直接告诉亨利你很生气？"赫布感到一阵阵害怕，想起了他那专制的父亲。童年对父亲的恐惧让赫布面对亨利时，总是感觉无能为力。

这之后，赫布尝试了直接面对亨利，用他的话说，"我爆发了"。亨利大发雷霆，说赫布是个忘恩负义的人，话里话外还表明赫布很懒。赫布很受伤，他沉默不语，但他心里明白事情有点不太对，在这之前亨利总是极度赞扬他的工作，从来没说过他不知感激的话。我们启发赫布，就像他在亨利身上看到了父亲一样，也许亨利在赫布身上也看到了别人。就好像灵光一现，赫布突然想起亨利有个儿子与他年纪相仿，但是儿子不争气，总是达不到亨利的期望。据传亨利有几次差点与儿子断绝关系。赫布放松下来，又一次勇闯虎穴。这一次谈话进行得很顺利，亨利道了歉，他们直截了当地谈论生气的事情和父子关系。很快，赫布意识到，自己疏远儿子是因为害怕自己会像父亲那样。不与儿子亲近，要比冒险把自己与父亲没有解决好的问题投射到儿子身上安全得多。

随着几个月来治疗过程的展开，我们看到了解决问题的关键所在。正是从赫布不再隐藏自己生气的那一刻起，每件事都开始改变了。仅仅是承认自己生气，用他的话说，"就把我拉出了泥沼"。承认生气释放了他的能量，使他有勇气直接面对亨利。同时，因为不再为父子关系感到焦虑，他与儿子的关系也越来越好了。

我们问过一位成功的企业创始人："你在情感问题上学到的最有价值的事是什么？"她回答："我学到，所有的情感都是正常的、自然的、没什么大不了的。"如此简单的一句话浓缩了我们过去40年处理过的成千上万的情感危机事件。同样，在格雷厄姆·格林的一本书中，有人问一位年长的牧师，他一生中听到那么多忏悔，到底学到了什么？他说自己学到了两件事：人们比他们所表现出来的更加不幸福；根本没有成熟这回事。

为什么会这样？

情感问题的根源

很多情感问题都来自童年的成长选择。大多数选择与自身无关，而跟周围环境有关。盖伊讲了他自己的经历：

我记得我最先是向家人隐藏对性的感觉，尤其是对我妈妈隐藏，因为我一谈到"性"这个话题，她就会变得非常不自在。我选择了好男孩这个身份，而不是真实、带有性感觉的男孩身份，这让我能够在那个声誉良好的汉德瑞克家庭成长，好像全世界的家庭都是这样压制性感觉的。然而后来，我不得不把性感觉与罪恶、恐惧、愤怒等感觉区分开。我做到了，但也付出了很大代价，用来治疗咨询的钱都够我买辆宝马车了。

于是女儿到了青春期的时候，我坚持与她进行了一场谈话，大概内容是："从现在起，你会对性有很多感受，有时很强烈，有时你可能压根儿不会想起来。这都是正常的，自然的。如果你愿意跟我谈谈，那太好了。如果你不愿意，那也没关系。不过一定要让自己去感受它，因为它是你健康的一部分。表达这种感受的方式有很多，有的方式很明智，有的则会带来麻烦，但不管你怎样表达，感受本身是健康的。"然后，我们谈论了怀孕、避孕、同性恋以及其他让她好奇的事情。现在，她成功地度过了青春期，而她的许多同龄人还在对性的问题困惑不解，她因此很感激 13 岁那年我和她进行的那些谈话。

除非你生长于一个特别健康的家庭，否则你可能没机会学习关于核心情感的知识。缺乏情感知识或者掌握了错误的情感知识，是你日后要克服的主要障碍。比如，你母亲是怎样应对生气的？她愿意忍受还是发泄？你父亲是个爱生闷气的人还是宁愿酗酒麻醉自己？你周围的人应对气愤的方式会强烈影响你日后对情感的处理。盖伊继续说：

> 在我家，气愤都被隐藏起来，只是偶尔会爆发。我母亲大约每月会有一次大发雷霆的时候，以此释放压力，然后情感盖子又被盖紧了。我也按照这个模式生活，20年后在一个治疗小组里，我对某个人说我从不生气。他说："是吗？那你长这么胖，抽烟这么凶，跟你妻子也处不好，这是怎么回事？"老天，尽管他说这些让我很生气，但直到今天我都感谢他。他让我看清我的行为。
>
> 我发现自己过去确实储存了大量的怒气、恐惧和悲伤，而我又想掩饰这些情感，但是这并不起作用。所以在接下来的一年里，我忙碌起来，通过治疗并阅读我能得到的所有资料，我改变了自己的生活，减掉了90多斤，戒了烟，从糟糕的夫妻关系中抽身，还有很多其他变化。其中一个变化很神奇，那就是我的视力竟然提高了。我原先视力差到接近失明，现在不需要戴眼镜都能通过驾照考试了。

以上我们谈论了气愤，而悲伤和恐惧也一样对我们有巨大的影响。在成长过程中，几乎没人能躲得过悲伤。悲伤是因为失去，我们当中谁没有失去过所爱的人、宠物、特别的房子，或是童年的天真？至于恐惧，人类的历史就是恐惧的历史。不那么久远以前，我们还聚集在山洞里的火堆旁，密谋怎样对付潜藏在外边的剑齿虎和毛茸茸的猛犸象。几十年前，可怕的疾病夺走了很多孩子的生命，而我们却无能为力。就算现在，我们也在担心下一代的孩子们能否躲过核战争的爆发。其实恐惧一直存在，关键是面对恐惧我们该怎样做，是让它成就我们，还是摧毁我们？

认清你的边界

在我们内心最深处，有两种恐惧决定了两性关系中的方方面面，即害怕孤独和害怕被人包围。一方面，我们害怕被抛弃，独自一人消失在宇宙深处；另一方面，我们害怕被别人紧紧围住。在这背后有个更深的恐惧：害怕没有存在感。从出生那一刻起，我们就体验到了没有存在感的恐惧。在两性关系中，我们害怕太亲近别人而失去自我，也害怕与别人太疏远而失去自我。通常我们逃离亲近和疏远，生活在一个中间状态，不让自己与别人完全亲密，也不让自己完全独立自主。

人的个性化进程会持续一生，这个过程也极为复杂。从脱离母体、剪断脐带的那一刻起，人就开始了个性化进程。但接着很长一段时间，我们又完全依赖母亲。这其实在一定程度上给人造成了困扰，到底是该独立还是该与人亲密？这种模糊的边界问题在一生中不断给我们出难题。在情感关系中，边界问题始终不好把握。在成长过程中，我们不断遇到无法相信自己能够独立的情形。我们想要相信但就是不能，所以我们经常怀着气愤和羞愧的感觉，又退回去依赖别人，甚至长大成人也没搞清楚，自己想要独立自主，还是想要依赖他人？

当既独立又亲密的双重需求不能以健康的方式得到解决时，我们就会神经质地扭曲这些需求，并将其带到人际关系中来。对亲密的过度渴望就是黏人；对独立的过度要求就是退缩。黏人者害怕被抛弃；退缩者害怕与人亲密。即使在一场小型的聚会上，你也会看到这两种极端。有时候黏人和退缩从表面上发现不了，但它们会以微妙的形式存在于我们大多数人当中。外表上不黏人的人可能会想办法在精神和情感上黏人，退缩者在聚会上可能不会隔离自己，但内心深处他还是一直在躲闪。

人们把模糊的边界心理带到两性关系中，也就为自己埋下了严重的问题隐患。他们渴望与对方融合使自己完整，但当他们融合时又觉得被吞没了。他们也很容易被操纵去做他们不想做的事，往往过分在意别人的感受，因此常常淹没在别人的事情和问题里。然而，一个拥有健康边界心理的人会重视别人的感受，但不会承担这些感受。

十几岁的孩子开始有叛逆心理是正常的。但如果他们找不到合适的方式形成独立的自我，就可能采取消极行为建立边界，来防范父母、校长、法官和警察。很多人把他们叛逆期的做法带到成人关系中，最终需要不断的调整才能扭转过来。从婚外情到过于轻信，很多行为问题都可以看作是把青春期建立边界的做法带到了成人关系中。

两性双方有必要理清边界，形成自我意识，而且不管是独处还是与别人结合，都不会影响这种自我意识。本书附录"亲密体验37法"所设计的很多活动都是为了推动你走向清晰的、不可动摇的自我意识。

认清你的感觉

当你有了核心情感时，总会通过某些迹象和症状表现出来。有些迹象很明显——手心出汗、握紧拳头，而有些迹象不那么容易辨别。学会倾听身体发出的微弱信号，这样你才会知道你正在经历不一样的情感，这一点非常重要。为了更清楚地解释这个过程，我们在下面列出了与核心情感有关的感觉和行为。这些感觉与行为是我们与咨询者交流时了解到的，并不是铁定条文。你可以试着感受一下，看看自己是否也如此。

恐惧的症状

- 恶心

- 胸和胃发紧

- 内心颤抖，尤其是沿着胸和胃的中线部分

- 手心潮湿或出汗

- 嘴里发干

- 敏感部位收缩（比如乳头和阴茎）

- 眼睛焦点狭窄；视野狭窄

- 心跳加快

- 思绪加快

生气的症状

- 肩颈紧张

- 头疼，尤其是头和脖子后边疼

- 下巴肌肉紧张或疼痛

- 下巴紧合，或夜间磨牙

- 后背、肩膀、胳膊上像是有虫子爬过或是发痒
- 在不合适的时间爆发
- 咬指甲

悲伤的症状

- 胸部感觉收缩
- 胸部感觉迟钝、沉重或麻木
- 按压时胸骨疼痛
- 想法消极
- 早晨醒来困难，起床困难
- 鼻子和胸部堵塞，持续时间较长
- 总想着近来和很久以前失去的东西

区分想法和感觉

学会把感觉和想法、观点等认知区分开是非常重要的，我们很多咨询者都混淆了认知和情感。我们问："你现在感觉如何？"他们会说："我觉得别人并不是真正关心我。"这句话当然重要、有意义，但它是想法、观点，而不是感觉。感觉简短扼要。为了知道自己的感觉，我们鼓励大家注意那些伴随恐惧、生气、伤害和其他感觉的身体感受。

在学习体会感觉这一点上，那些进步最大的人往往是关注身体变化过程的人。

这并不是说想法、观点没有价值，真正健康的标志是想法和感觉和谐共存。很多人用想法否定感觉，他们的想法是："我不应该生气。"或是："你不该为有那样的感觉而羞愧。"还有些人被感觉淹没，没有能力作逻辑判断和推理。想法和感觉应该优雅地共舞，而不是在头脑的封闭空间内格斗。生气时如果我们这样想，"我生气了，这正是我现在应该拥有的体验"，这在一定程度上可能还会帮助我们尽早获得心灵的宁静。相反，如果我们耗费大量的能量来抵抗身体的真实感受，那么我们什么时候才能平静下来呢？

觉醒的亲密关系是怎样交流的

在觉醒的亲密关系中，有几个交流技巧会帮助我们保持积极能量的传递，也有几种交流方式是你要学会避开的。以下是我们给予咨询者的几条最有用的交流建议。

表达想法而不要发问

很多人习惯用问话的方式表达想法，这其实是隐藏了自己的想法，还制造了矛盾。所以，还是在你确实困惑时发问吧。我们生活在一个谎言和真相交织的世界，因此我们必须培养另外一种倾听。我们不仅仅要听，还要懂得把真相从潜藏危险的谎言中辨别出来。孩提时我们经常听到这样的问话："你不觉得到了睡觉时间了吗？"这句问话可不那么简单，它的意思可能是"我希望你现在就上床睡觉"，或是"我很累，我想上床睡觉"。这类问题总是把我们推向两难的境地，肯定或否定回答都对我们不利。我们在解决夫妻关系问题的过程中经常听到这样的话："我不是一直告诉你我爱你吗？""我们在一起这二十年不是很好吗？"这种问话根本没有触及问题的本质。说出问句背后隐藏的想法才能改善两性之间的关系："我很生气，因为我忍受了你20年，而你现在想离开。"或是："我很受伤，因为你刚才说，我从未说过我爱你。"如果这样的想法以发问的方式说出来，对方不会明白你的话中之话，矛盾就不可避免了。当人们勇敢地说出他们隐藏的想法时，问题才能显而易见，解决办法也会随之而来。

透过问题的表象发现隐藏的想法非常重要。在觉醒的亲密关系中，真相总是第一位的，因为你承诺过要坦白内心不隐藏。你的伴侣可能会说："这个问题我们不是已经谈过一个晚上了吗？"不管你说"是"还是"不是"，都会陷入困境，没法让对方继续把隐藏的想法表达出来。所以最好这么说："看来你很生气，你现在不想讨论这个问题。"这样说既直接也陈述了事实。

要仔细倾听伴侣问话中隐藏的想法，更要仔细倾听你自己问话中隐藏的想法。我和凯瑟琳在我们的情感关系中做了一个有趣的实验，开展了一项"问题节食"活动，互相约定一个星期不发问。这个活动很有意义，因为我们发现自己经常用发问的形式表达想法。比如我们会问："你今晚想去哪儿吃晚饭？"但实际上在发问之前，我们已经有个想去的地方了。严格地进行无问题的表达，迫使我们把所有想法摊到桌面上，可能这会有被拒绝的风险，但同时也避免了含混不清。这确实管用，在那以后我们再也没有像以前那样处处发问，除非是真的有疑惑，我们才会发问。

说了这么多，我们再来看看两句名言："这是磨炼人的灵魂的时刻。""不要问国家为你做了什么，而要问你为国家做了什么。"请注意，托马斯·潘恩（美国开国元勋）并没有问："你难道不认为从灵魂的角度讲，现在是考验人的时刻？"如果他这么问，美国可能到现在还是英国的殖民地。约翰·肯尼迪也没有用问句："你是否愿意为国家做点什么，而不是要国家为你做点什么？"这个问句哀怨且具有诱骗性，而陈述句却成为激励很多社会变化的力量。

说"我"而不是"你"

人们说话时常常把"我"藏在"你"的后面，这样做削弱了交流的效果。比如有人说："你已经做了所有努力，还能做什么？"这个问题隐藏了很强的"我"的说法："我很绝望，因为我做了所有努力都没有起作用。"用"你"的说法来表达可以去除个体化，从而躲避责任。用"你"的说法也是躲避痛苦的一种方式，就好像你在说别人而不是说自己，痛苦似乎也离你远了一步。受伤的时候，你可能会说："受过几次伤之后，你就不会再相信别人了。"你不愿意直接说："我感觉很受伤，我再也不相信任何人了。"但我们要知道，隐藏直接想法的代价是高昂的。我们与内心的真实情绪离得越远，受到情绪控制的时间就会越长。

很多时候，人们只有在学会使用"我"来表达时，才能开始治愈的过程。一个刚刚离婚的男人说："女人心海底深，你就是想不出她们到底想要什么，对吗？"他不仅用"你"的说法掩饰痛苦，而且还用问句的形式表达。我们要他用"我"来说出自己真正要表达的意思，他困惑不解，不知该怎么做。这时他的眼睛开始颤动，下巴开始颤抖。最后他流下了眼泪，说："我不知道该怎样取悦女人。"我们对他说："听起来，你是指某些女人而不是所有女人。"他开始哽咽："我一直没办法让妈妈高兴，也不知道怎么让芭芭拉高兴。"这句话直接、真实、绝对具体，说出了这样的话，他应该很快就能知道该怎么给自己疗伤了。如果我们与自己的感觉、与那个"我"离得很远，就基本没有治愈的可能性。当我们开始说"我"的时候，才算真正向着自由迈出了一步。

不要轻易使用否定词

人们经常滥用像"我不能"和"从不"这类假性否定词，这种做法其实是非常有害的。虽然看起来不是什么大事，但事实上却很危险，因为这么说让你逃避了责任。尤其不要说"我不能"，除非你真的能力有限。如果你有束缚，"我不能"还勉强能被接受；否则，那通常就是间接说"我不想""我不愿意"或是"我不知道怎么做"。如果你的意思是"我不想做"，就直接这么说出来，这很重要。假设有人要你在下午三点钟做什么事，而这个时间你已经和牙医约好了，最好实话实说："我约好了三点钟见牙医。"而不要说："我不能去。"因为这么说就是在逃避责任。在觉醒的两性关系中，我们最好能够简洁有力地说出事实。同样，"从不"和"总是"这样的词很少是正确的。"你从来没有帮我做过什么事。""你为什么总让厨房门敞开着？"这类话并没有把本该着重表达的情感说清楚。

授权而不是救场

救场就是去做别人分内之事，干涉别人的权力。你去救场，别人就没有发挥作用的机会了。所以从另一个角度来说，救场实际上剥夺了对方的存在价值和权利。

治疗师（对丈夫）：今天感觉怎样？

丈　夫：嗯，我不确定。

妻　子：他最近一直很生气。

如果给丈夫一点时间思考，他肯定能说出自己的感觉。可他的应对模式是让妻子救场，然后又因此而对她不满，最终自以为是地发脾气，吵闹了一天。妻子认为自己实际上在帮助丈夫，一番探究之后，她开始正视自己不讨喜的潜意识动机：她在试图证明丈夫无能，因为她一直认为男人很没用。另一方面，丈夫在扮演无助的角色，因为从小母亲就溺爱他，在女性面前他总是很无助。

只要我们不剥夺别人的权利，为别人做事是没错的。而救场是一种潜意识模式，它干扰了对方学习和成长的机会。当你急着帮助别人的时候，首先问问自己，你的帮助是否在以某种方式剥夺他的权利。然后再问问对方，你的帮助是否在剥夺他的权利。这个问题跟过度依赖尤其相关。过度依赖的一个特点是，做的事表面上看来有帮助，实际上剥夺了对方的权利。接下来的几个例子是我们在一天的治疗实践中遇到的。一位女士因为丈夫宿醉，打电话为丈夫请病假，她以为这么做是在帮助丈夫；一位男士认为，他经常完成妻子在夜校的作业是在帮助妻子，结果妻子远远落后于班上同学；一对夫妇一天几次跑去为双胞胎儿子解决争端，很快就变成几乎每个小时都要这么做。所有这些例子都是我们在替别人去做他们分内之事。如果我们不去干预，让当事人亲自处理自己的事，他们会成长得更快。

正面回应

过度依赖的很多交流模式中都存在不正面回应的情况。这是指一个人没有直接回应另一个人所说的话，而是转变话题来迎合自己的想法。我们从咨询记录中找了几个例子，大家一起来看一看。

> 她：你真想和我一起去咨询？
>
> 他（恼怒的）：我已经在这儿了，对不对？

你能看出问题在哪儿吗？她要的是肯定或否定的回答，而他没有直接回答"是"或"不是"，却转变了她的问题。其实他是想表达怒气，通过不直接回答问题，他成功地达到了自己的目的。

另一个例子：

> 他：你注意到没，这周我晚回家的时候，提前打电话了。
>
> 她：周二你压根没想起来，在足球赛之后去接凯文了。

又是这样，在需要肯定或否定回答的时候，话题又完全变了。她想表达对周二那件事的气愤，所以将话题转换了方向。生活中每天都会有数不清的转换话题，具体事情可能不同，但结果基本相似：沟通不畅，弄不清对方到底何意，有话没说完整的感觉。如果和某人谈话之后你觉得很生气，不知道怎么办，很可能你们的话题早变了。在觉醒的亲密关系中，两性之间的沟通会就事论事，不会随便插入其他的话题。

不去贬低

贬低模式有几种表现形式，最常见的就是打断别人的谈话。打断别人的言外之意就是："我比你重要，我的观点有优先权。"打断谈话会给交流带来障碍，但通常双方都不会意识到，究竟是什么阻碍了沟通。

贬低的另一种形式是自我诋毁。贬低自己会引来负面的注意，降低你的积极能量。我们曾参加过一个著名作家和心理学家的讲座，他的开场白是："我们只有45分钟，因此我们肯定没时间深入谈一些有价值的内容……"房间里的能量瞬间像被刺破的气球一样瘪下去。其实本来很简单，他可以说："我们有45分钟，我尽力在这段时间内把这个话题的基本内容讲给大家听。"这样说就能让房间充满积极的能量和力量。

不去贬低我们自己和他人的方法很简单：相信所有人都是平等的、绝对有价值的。然而，要真正接受并认可这一观点，可能要花一生的时间。世界的确充满了不平等，但这不一定要影响我们自己和周围人的平等观。

第八章 | 如何摆脱过去的影响

在这一章里，我们将讨论几个阻碍建立觉醒的亲密关系的主要因素。你可能会在我们的描述中找到自己的主要相处模式。为了阻止过往经历影响我们现在的生活，你还真得拿出点勇气来：**不要总想着自己如何受到他人和客观世界的影响，要看看你的态度怎样影响了别人，影响了周围的世界**。在开始之前，我们希望你能知道，你身上发生的每一件事，百分百都是你自己造成的。可能你会有十几个极好的理由来证明你是无辜的——童年不幸福、老师不公平、父母沉闷无趣、邻里关系恶劣……但是，我们要求你暂时放下所有这些理由。如果你接受这一点，我们就可以开始了。

所有发生在你身上的事情，绝对是你自己一手造成的。这指的是现在，我们可不是说是你自己选择有出生缺陷，是你自己要在两岁时搬到克里夫兰。我们是指对于现在发生在你身上的事，你肯定逃脱不了干系。认识到这一点，你就能拥有无穷的力量。只要你身体里哪怕极小一部分认为世界在对你施加影响，那么世界就真的会这么做。一旦你百分百认为是自己创造了生活，你就会用更有力、更积极的方式去影响周围的世界。

问题是，过去的想法或思维总是刻在你的脑海里，让你没法创造出一个更强大的自己。盖伊又分享了他自己的例子：

我前面提过，1969 年，我改变了自己的人生，减掉了 90 多斤体重，视力也提高了。第二年，我换了工作，从一段糟糕的婚姻中解脱出来。发生这样巨大的变化，是因为我突然明白，自己一直有一个错误观点。我记得在改变之前最悲惨的那段时期，有一天晚上睡不着，我问自己怎么能就这样毁掉我的生活。我把所有能想出来的原因都列了出来：抽烟，肥胖，无爱的婚姻，隐藏所有真实的情感。为什么会这样？

突然，我看到一个令人震惊的事实：在每一个细节上，我都在重复我父亲的生活。他很胖，也抽烟，大家都说他非常排斥爱和积极的能量。就因为这些，他 32 岁时就去世了。我已经 20 多岁了，走的正是父亲的那条路。我怎么能这么瞎眼，竟没看清自己正在做的事？嗯，令人悲哀的事实是，我没看清是因为我整天忙着走父亲的老路了。

根深蒂固的思维模式从本质上看似乎根本不像模式，好像一切就应该这样。当我发现事物不应该是这个样子，仅仅是我把它看成了这个样子的时候，我就突然清醒了。

要知道，如果我不快点作出巨大的改变，我也会死。所以接下来的一年，我过得像个苦行僧，直到我从旧有的思维模式中挣脱出来，重新控制生活。两年后，我发现这些改变非常明智，因为我的一个同事才 26 岁就死了，他在很多方面跟我很像。他很胖，也有和我一样的心理问题，但他选择了不同的生活方向。他嘲笑我的减肥计划，总是搞些恶作剧，在我减掉 40 多斤的时候，给我买了许多巧克力来捣乱。他特别看不上所谓的心理咨询、体育锻炼和整体的自我提升，他甚至还没来得及试试自己是否有潜能来改变，就突然死于严重的心脏病发作。对此我只能感到深深的悲哀。

有时你会发现，你的处事模式和父母或过去生活中其他人的模式一模一样，就像电视剧重播一样。我们都是熏陶的产物。不用费事问自己，过去是否在影响现在。假设答案是肯定的，那么我们只需问到底是怎样影响的。得到的答案不一定总令人高兴，但影响是巨大的。就像我们前面说过的，提问题本身比所得到的答案重要多了。事实上，这个追问的过程很好玩，并不痛苦。当然这也取决于你以什么态度来面对最终的答案，到底是积极坦然面对，还是消极抵触呢，你会怎么选？

我们总会选择某种特定的角色，并做出与这个角色相符合的事情。比如，如果你选择做律师，那么你会去挣很多钱。而一旦选择了这个特定的角色，不管好坏你都要承担起来。律师挣钱虽然多，但他们的工作时间特别长，几乎没有时间陪家人。律师的家人还会抱怨他/她太理智、太爱操纵别人。一位律师的女儿近来说："妈妈，我告诉你我的感觉时，你却把我当成对方律师，开始教训我说的话没有意义。我的感觉对我当然是有意义的。"

关于角色还存在另外一个问题，即人们通常不清楚到底要扮演哪种角色。我们接触过很多成功人士，他们都出色地完成了自己的角色，但却过得并不开心。在探寻原因时他们发现，原来自己从心底里并不愿意扮演现在的这个角色。例如，一位牙医朋友近来突然意识到，他从来就不想当牙医，进入这一行只是因为他父亲强烈建议他参加能力倾向考试，结果他分数很高。大家都说："太好了！牙医赚钱多，没有风险，就干这个吧！"25 年后，他有些悲哀地发现，自己实际上很想当作家。

人们通常根据童年时看到的情况来扮演角色。可能我们会扮演痛苦的父母，因为小时候我们的父母就是这样。例如，一位咨询者问我们，她怎样才能在婚姻中保持身体健康，她几乎从结婚那天起就一直生病。她的这段婚姻也只是"为了孩子"才维持，就像她的父母维持了 25 年才离婚一样。我们花了几个月的时间才理顺关系，把她从童年时学到的模式中解脱出来。她和丈夫如今能够更清楚、更容易地看懂对方，开始了一种崭新的两性关系。

众所周知，受过虐待的孩子长大后更容易虐待自己的孩子。人们却不大知道，即使在很小的年纪，每个人也可以选择控制自己的生活，制定自己的规则。我们接触过很多认为自己是受害者的咨询者。当我们仔细查找这种无助角色的根源时，总是会发现，人在童年时期有一个选择点："要么是他们不对，要么是我不对。"有自主倾向的孩子会认为："是他们不对，我要制定自己的规则。"受害者则认为："是我不对，他们更强大，肯定懂得更多。"

角色也承载了一代代人对性别的文化期待。比如，人们觉得女人应该懂得照顾家庭，时不时跟亲戚朋友通个信、打个电话或者张罗个聚会什么的，来保持联络增进感情。男人则善于与团队合作，是动手达人，对金钱更理性，不冲动消费。到 5 岁时，我们已经理解男女有别，也知道到底男孩应该怎么做，女孩应该怎么做。其实直到现在，大多数成年人仍然在用我们从小就习得却从未经过检验的模式来与人交往。

投射通常是罪魁祸首

看电影的时候，你注意过屏幕上的画面是哪儿来的吗？放映员把影片用投影仪投射到屏幕上，我们就真以为是屏幕在播放那些电影呢。如果没有放映员，电影会自动播放吗？有时候，我们觉得生活中某些问题就那样"明晃晃地出现在眼前"，却从来没想过，这样的问题完全是由我们看待世界的方式产生的，也就是说，是我们自己把这些问题投射出来的。为了证明投射在强烈地影响我们的世界，下面来看看银行信贷主管格洛丽亚的例子。

格洛丽亚对自己的工作越来越厌倦，因为她觉得其他信贷主管排斥她，她也抱怨他们都不值得信任。她能举出很多他们排斥她、不值得信任的例子。但是好像她当出纳员甚至总出纳时，都没出现过这类问题。我们问她，升职做信贷主管时，她的生活里还发生了什么事。她说大概在那个时期，她发现丈夫有了婚外情，他们的婚姻开始破裂。她要求他离开，他暂时去了一个兄弟家安身。他的那些兄弟和嫂子、弟妹们都护着他，说格洛丽亚应该给他一个机会。后来她丈夫为了报复，把他们共同账户上所有的钱都取走了。有了这样的经历，难怪她觉得受排斥，不能相信别人。巧合的是，其他信贷主管大部分都是男性。如果他们一起出去吃午饭而没有邀请她，她就觉得那是排斥，她就是这样根据自己的感觉来判断的。如果某位男同事忘了什么事或是没能给她回电话，她就会胡思乱想，还能得出很多结论。对她来说，不回电话绝不仅仅是忘了，这是不值得信任的表现。

经过一番努力，格洛丽亚开始明白，她是把家庭问题投射到工作中了。她的感觉影响了她对周围人和事的认识，而她也想方设法让周围的人迎合自己的感觉。她发出了"我不相信""我受排斥"的信号，于是周围的人好像真的就不值得信赖，真的排挤她。当她发现这一点后，一切似乎都突然改变了，其他主管开始邀请她一起吃午饭。自从修正了内心世界，突然之间，世界对她也改变了。格洛丽亚改正了一个认知错误，结果解决了一个看似错误完全不在于自己的问题。她的努力也获得了一个很实际的回报：很快就升职做了副经理。

我们的观点听起来可能很极端：有些问题我们觉得就是因为某些人才出现的，其实还真不是这么回事，这些问题跟这些人没什么关系。他们就像是电影屏幕，是我们把问题投射到他们身上了。这个观点很难接受吗？等等，还有比这更糟的。你在别人身上投射的同时，别人也忙着在你身上投射！这意味着大多数时候，人们不是真的在跟别人相处，而是在跟他们自己的投射相处。当你发现实际上每个人都存在投射时，你可能会感到无望，不知道该怎么与人真实地相处。但绝望后，你可以把它当作一个机会，去发现自己以及周围的人实际上是什么样子。

盖伊讲了他自己经历过的一个例子：

我曾经跟过一个老板，那人我一开始喜欢，后来慢慢不喜欢了。但我必须经常跟他接触，于是很快，我脑子里就开始塞满了跟他的争论，并且一遍遍回放。我在心里编排争论内容让自己赢，尽管现实中我经常输。很快，我发现自己在跟别的同事抱怨老板，并寻求同盟。这个策略的效果并不怎么好——大多数人只是耸耸肩说："他就那样，别拿这事烦自己。"不过我还是设法找到了一个盟友，我们俩都认为自己没有得到公平的待遇，每天我们都在一起讨论老板的性格问题。这个模式持续了几个月，直到有一天，我正开车下班回家，脑子里还在想着某次争论，突然我想："够了！"我当场决定要找到另外一种解决办法。深吸一口气，我问自己，这到底是怎么回事？

很快，我有了一个深刻的认识。我发现我在试图从老板身上得到我在父亲身上缺失的东西。我希望得到他的肯定，如果得不到就很生气。总之，我把过去的家庭剧本又搬来套在老板身上重演。难怪我把自己弄得这么惨。即使老板给了我有价值的肯定，那也不管什么用。因为我一直试图从父亲的替身上寻求父亲的肯定，所以不管我得到了多少老板的肯定也不会管用的。

和一个朋友谈过这些想法后，我又了解到另一件事。我父亲去世得早，母亲一直没有从这个打击中恢复过来。母亲处理她这种复杂情感的方法，就是把父亲当偶像崇拜，使他成为家里的圣人。所以在以后的生活中，我也希望从男性权威人物身上看到圣人般的行为。但是他们总让我失望，一失望我就会很生气，对他们完全不屑一顾。这当然会影响我与老板的关系。

认清这些后，我和老板的关系就开始改善了。我不再运用过去的思维模式，我把他看成另外一个人，既有优点，也有缺点。原先我同事的建议——"别拿这事烦自己"——之所以不起作用，是因为我还没弄清这事为什么让我烦，等弄明白了，问题自然也就解决了。

不要把过去的权威问题投射到现在

人在权威方面产生的问题通常是与父母相处时开始的，后来我们把问题扩展到成长世界中的老师、教练和老板身上。发展心理学家告诉我们，排便训练阶段是传统上我们解决与权威之间问题的时期。那时候，大人们会要求我们："在这儿做，不要在那儿做。"应对权威只有三种方式。当权威对我们有利时，我们可以平静地接受并服从，不利时，我们就拒绝。如果权威告诉我们绿灯时才可以过马路，我们就听从权威。但如果权威要我们收下陌生人的糖果，我们就不听。这是一种理智的方式，但你也知道做起来并不那么容易。另外两种方式就不那么理智了。一种是反叛，执拗地反抗权威的约束。另一种是超适应，我们甚至与病态权威也能良好相处，但内心却在秘密反抗。后两种方式都没什么好处。一种会带你走向监狱，另一种会导致道德败坏。

我们曾就权威问题问过一个权威人物，要他估计有多少人能与权威之间保持理性的关系。

"二十个人中有一个。"他不假思索地立刻回答。

"那我们人类可有麻烦了。"我们说。

"是的。"

第二天，他开车载着我们去作权威问题讲座的地点，却在限速 50公里的区段因车速达到 70 公里而被处罚。更糟糕的是，那里是学校区段。看来即使是专家也会与权威之间产生麻烦啊。

感受权威过程

很多人觉得，下面这个过程对解决他们与权威之间的问题很有用。

我们想请你用 15 分钟时间体验一下这个简单却有效的活动。

1. 闭上眼睛，轻轻放松一分钟，或是直到你感觉平静清晰为止。

2. 想象那些凌驾或曾凌驾于你之上的权威人物，把他们看成一个整体：权威。注意这么做时你身体的感觉，注意你身体里紧张的感觉。现在驱散这些想法和感觉，再放松，直到你感到清晰平静为止。

3. 想象那些把你看作权威的人，把他们看成一个整体。注意你这么做时身体的感觉，注意你身体里紧张的感觉。放松 1 分钟，或是直到你感觉平静清晰为止。

4. 现在想象面对权威人物你想有什么样的感觉。在体内培养一种感觉，作为你对权威人物最理想的感觉。你有了这种感觉后，再一次把权威看成一个整体。把对权威的想法和体内正面的感觉结合起来。做完这些，再想想你对把你看作权威的人有什么样的感觉。有了感觉后，把那些认为你是权威的人看成一个整体。把这个想法和体内的正能量感觉结合起来。当你对权威有了清楚正面的感觉时，睁开眼睛。

创　伤

生活中的一些痛苦经历往往猝不及防，无法控制，给我们带来强烈的情感体验，比如悲伤、愤怒、恐惧。从这些情感体验中产生的决定，会在创伤发生后很长一段时间影响我们的生活。例如，一个女孩在稚嫩的年纪遭到性虐待，在愤怒和恐惧的经历中她决定：不再相信男性。这个决定的后果会在她以后与男性的交往中显现出来。一个男孩看到父亲拼命工作，结果过早去世。这种观察导致男孩决定在生活中不要太努力，后来他的老板就说他工作不怎么勤恳。

可能你没有经历过很多创伤，又或者你可能有过很多创伤，却没有让创伤困扰你。然而，大多数人都有过创伤，而且被创伤困扰过。在一次讨论创伤的研讨会上，有这样一个女人，她出生于纳粹集中营，为了能够上船来美国，5 岁时徒步穿越欧洲。她旁边坐着一位南加州的冲浪高手，抱怨小时候上吉他课，他母亲接他时有时会迟到。两个人在讨论创伤时，声音里隐藏的情绪是相同的。很明显，在创伤这个问题上，重要的不是发生在你身上的事，而是你对这些事的感觉。

冰封的情感，未说出的话

创伤经历总是伴随着强烈的情感体验和情感交流。然而，在创伤过程中，感觉到我们需要感觉的，说出我们应该说的，却不是一件容易的事。我们通常只想抹杀一切，我们被痛苦淹没了。例如，我们接触过很多人，他们都过早地失去了伴侣、密友或父母。这些人在每一次失去亲人朋友的时候，都存在没有感受到的感觉，没有说出来的感受。但我们这个社会希望每个人都保持积极向上的一面，所以有些真实但却不那么美好的感觉和交流就这样被埋葬了。

我们的一位咨询者雪莉，已经和山姆结婚 20 年了。他们的婚姻磕磕绊绊，但他们一直在努力，最终也还能过得去。

有一天下完大雪后，雪莉几次说要山姆把人行道上的雪铲走，山姆却说他想先看完足球赛。于是两人争吵起来，山姆踩着脚出门去铲道路上的雪。5分钟后，他突发心梗，就这样离世了。雪莉感到极度的悲伤和内疚。接下来的几周，她老在想她与山姆之间最后的对话，整晚整晚失眠。朋友试图安慰她，但是不管用。山姆的死成了她心里无法逾越的坎，这严重影响到她的工作状态。

找到我们咨询的时候，雪莉已经快要辞去她多年的工作了。我们很快发现，雪莉悲伤也好，自责也罢，但她不允许自己发泄情绪。当我们提出让她抱怨山姆的问题时，她开始指责我们粗鲁、麻木、不尊重逝者。她坚持说山姆是个好人。有意思的是，这次谈话后，她晚上睡觉安稳了，这是丈夫去世后她头一次睡觉安稳。雪莉很聪明，发现了这种改善效果，下次见面时，她宣泄了自己的怒气。她对自己非常生气，因为是她逼着山姆去铲雪；她对山姆非常生气，因为他不懂得反抗。在他们20多年的婚姻里，一直是她在不断挑剔，而他只是闷闷不乐地顺从。这可能才是最致命的。

有时候在生活中，我们无法跨越的障碍就是那些没有探索过的情感。雪莉释放了怒气之后，开始了新生活。然而又有多少人经历了强烈的创伤却没有学到教训？如果不去探索盲点，我们会继续跌跌撞撞地奔向下一次创伤。

隐藏在心里的情感多种多样，但通常可归纳为三类：后悔、憎恨、爱与激情。对于第三类情感，我们会听到这样的话："我爱你。"说"我爱你"似乎很简单（也确实简单，如果你能做到的话），但有些人直到死也没说出这句话，即使有人非常迫切地想听到这句话。

我们大多数人在困境中必须尽力自己帮助自己。如果我们受伤时，能有个守护天使站在身边，给我们建议："保持呼吸，体会你的感觉，向某个愿意听的人清楚地表达你的感觉。不管怎样都爱自己。不要认为这是针对你。"那该多好啊！可是生活中的创伤会给人们带来巨大的影响。压力之下，我们将自己陷入某种特定情感和看法中，这肯定会影响我们的生活。在创伤中人们会产生狭隘的观点，比如：

- 我无法相信。
- 我无法感受。
- 我无法拥有良好的感觉。
- 我不会有创造性。
- 我做的一切看起来都没有意义。

一定要弄清楚，在人生的几个关键十字路口，我们到底在精神上、身体上和情感上打下了哪些心结？是什么让人如此难以释怀？为了帮助你弄明白这一点，我们设计了一个流程，很多人试过后都觉得有用。

创伤流程

1. 拿出一张纸，从上往下写下你生命中的每一年。现在开始回想，写下你回忆起的每一次创伤和正面的经历。为每一次正面经历画一条向上的线，为每一次负面经历画一条向下的线。线可以画得长一点，也可以短一点，取决于经历的强烈程度和对你的影响。

2.完成这份人生经历图表后，再拿出一张纸。左边列出你的创伤，然后加上三栏：情感、决定、如何影响我现在的生活。对应每一次创伤，写下你当时的感受，做了哪些决定，以及如何影响了你现在的生活。参考下面的例子。

创伤	情感	决定	如何影响我现在的生活
父亲去世	悲伤生气恐惧	我很无助。我不相信上帝，不相信男性。	生活中很难与男性相处。几乎没有男性朋友。

3.和同伴或朋友讨论这个流程，然后再仔细看一遍。很多人会发现，在写第一遍的时候，他们遗漏了很多重要的事情。

习惯模式

与创伤和权威问题一样，我们大多数人从以往的生活中累积了一堆习惯模式，这些习惯也会阻碍我们发挥自己的全部潜力。形成习惯有两种方式：观察周围的事物；模仿周围的行为。比如父亲在和母亲谈论家里生活问题时会使用某种特定的语调，30年后你发现，你跟伴侣谈话时也在用同样语调。很多生活中的模式都是潜意识中发生的，直到我们对自己作出创造性的改变。

某些潜意识模式永远不会带来满意的感觉。如果你在下面的描述中看到你的影子，就必须尽快把它清除，才能最终与爱人建立觉醒的亲密关系。

受害者　这个模式把你塑造成一个敌对世界里的无助受害者。你永远都在"受到不公平的对待"，这句难忘的话是我们一位咨询者说的。受害者一个不好的倾向就是要寻找受害者同盟。他们组成小型的受害者俱乐部，在无助中联合起来对抗世界。如果有人给他们提供建议，他们会说："我已经试过了，但是不起作用。"

我们经常要求人们认真思考到底什么是责任。你也许曾有过类似的想法："这和我无关"，或者"我能怎么办"，或者"有些人一直在搞破坏"。在和别人的交往中，你有没有发现，你总说自己无可指责，或是寻求同盟来证明你没有责任。很多人在仔细观察了自己的受害者想法后，都摆脱了这种根深蒂固的模式。

正确先生／女士　在这个模式里，人们常常通过贬低别人来提高自我价值感觉。秉承这种思维模式的人对世界说："我好你坏。除了我，谁都没有能力。我牺牲我奉献，可是我又得到了什么？"

在婚姻咨询的初始阶段，治疗师常常要花很大力气告诉夫妻俩，不要互相指责对方多么恶劣。这种模式的特点就是，坚持认为对方总是错的：对方被贬低，总是处于比你低一等的位置。如果你内心深处感觉特别糟糕，有时候把错归结到对方，可以减轻你的痛苦。当然这个习惯从长期讲永远不会给你积极的回报，但却可以短时间内减轻你的痛苦。

英雄　与正确先生／女士关系紧密的是英雄心理。在英雄模式中，你的想法和所说的话都是为了证明你是一个好人。其基本内容就是："我是对的。"这里还有一个暗含的问题："难道不是吗？"仔细听一听你和别人的对话，有没有发现你把自己描述成善良的、强壮的、自我牺牲的人？有没有花时间为自己的想法和说过的话辩解？如果是这样的话，你就是在运行英雄思维程序。这个现象非常普遍。

人们为什么要这么做？这是因为在内心深处，人们认为自己没有价值。表现出来的英雄假象只是在强化他们脆弱的自我意识。现在问题就来了，如果不去面对内心渺小的感觉，他们永远不会真正强大。可只要他们把假象抬得高高的，就不可能真正面对内心真实的感觉。所以只有诚恳面对才能造就真正的英雄。

单方面贬低自己　　在这种模式中，你无论在自我认识上还是在与别人的交往中，总是贬低自己。和别人在一起时，你总觉得自己不如他们。你总是下意识地想："如果我更……该多好。"在这种自我贬低的支配下，你可能总是恭维别人，认为自己没能力，或者面对竞争，你总喜欢退缩。人之所以会有这种思维模式，有时是想听取别人对自己的赞扬话，有时是让别人不要对你期望太高。如果别人对你没有那么高的期望，那么一旦失败了，痛苦也会减轻很多。

不是我的错　　这是躲避责任的模式。很多人脑子里刻着一条公式：失败 + 好借口 = 成功。通常我们很难勇敢地承认说："是的，我做了，但我没成功。"真正的成长意味着，面对严厉的批评我们能坦然接受，而不是把它转移到别人身上。

告别习惯模式

为了摆脱这些令人烦恼的思维模式，我们必须冷静地看看问题到底出现在哪儿。先找一找我们头脑中存在哪些固定的思维模式，找到后再来看看，我们想通过这些模式满足哪些需求。接下来再问问自己："我能不能以更直接的方式满足这些需求？"例如，某天你发现自己的英雄模式又在运转了，你在跟一个朋友吹嘘自己在某件事上取得了如何大的成就，说得滔滔不绝。透过表象你发现，你这么做是因为，背地里你害怕自己不能完全发挥潜力。意识到这一点，你可以选择掩饰自己继续吹嘘，或者冒一次大风险：讲实话。假设你能公开说："我意识到，我吹牛是因为我非常害怕在生活中没有做到应该做到的。"那么这将是你个人取得突破进展的一刻，生活也从此和过去不一样了。下次再遇到这种情况，你就会更容易看清这背后隐藏的模式，更愿意说实话了。这才是真正的英雄，成功也更青睐于这样的英雄。

解决遗留问题

我们需要格外的勇气，去面对和处理过去未完成的事情。通常，这些未完成的事情是阻碍我们现在充分表现创造力的最大障碍。从这些事里随便挑一件琢磨琢磨，不管事大事小，你都不会失望，肯定会有所收获。解决了长时间未完成的遗留问题之后，人通常会迸发出从未有过的创造力，也会有一种焕然新生的感觉，这是你在其他任何地方都得不到的。

我们对圆满有强烈的欲望。如果你说要做什么事而没有做，那么你心里多多少少都会惦记这事，不能完全放下，除非你主动去解开它。在所有要完成的事里，最重要的一方面就是，完整体会那些被压抑的感觉。如果我们一次次面对可以完成的机会，却牢牢地站着不动，就会把自己困在内心的矛盾循环中。这样做会让我们付出更为高昂的代价：为了摆脱未完成状态，我们可能会摆脱自己的意识，对内心深处的自我以及周围世界的信息都麻木不仁。

如果你和父母之间有什么矛盾没有解决，你会发现自己在不断重复与父母（或那些让你想起父母的人）之间的矛盾。很多人没有跟父母交流过他们内心最深处的感觉，比如生气、恐惧或悲伤。这些没有完成的情感交流，削弱了他们现在自由交流的能力。如果你目前在某个方面进展有困难，回头看看过去你在相似的地方是否有未完成的状态。

我们来看一个案例。

某人在治疗中表达了他想在工作中挣到更多钱的愿望。即使说出了目标，他也并没有采取任何步骤去实现目标。我们要求他想一想自己在金钱方面未完成的事情。事情很快就清楚了，在金钱这方面他有很多事都没做：他欠一些人小笔数目的钱。更糟的是，他还有"充分"的理由不还钱，比如其中一个债主搬家去了另外一个州，他想还钱却找不到人；另外一个债主让他很生气，都生气了还还什么钱！

在我们的激励下，他看到这些未完成的事和"充分理由"正在消耗他的活力和成功的可能性。他开始积极认真地偿还欠款。有时候要想找到债主，还真不是一件容易的事，他费了九牛二虎之力最终找到了这些人，还清了所有的债。从此以后神奇的魔法出现了，他赚的钱真的比以前多了，而且意外地签到了一份合同，过去的一位债主还提供了一笔无偿贷款，他正向着美好的明天一步步踏实地前进着。

从这个案例我们可以看出，过去没完成的事会阻碍你的将来，但很多人似乎并不理解这一点。如果现在你的某些事情没有进展，那就试着去找找过去未完成的事吧，完成之后你会变得更强大。

还有另外一个案例。

一对结婚不到一年的夫妻前来咨询，他们在性、经济和交流沟通方面都存在问题。他们的问题比较清楚：丈夫梅尔三年前离婚，但他直到现在也没彻底解决与前妻的纠葛。他对前妻有很多怒气，并把这种怒气投射到了现任妻子艾莉森的身上。他与前妻也有财产纠纷，这导致了他与艾莉森存在一些经济问题。这些尚未解决的事给他们在经济上带来了很大负担，直到现在他和艾莉森还买不起一幢房子。

我们要求他们俩列出各自所有未完成的旧账，包括过去的情感和经济问题。梅尔的清单上写着："我仍然生前妻的气。"艾莉森的清单上写的是："我一直拖延偿还学生贷款，即使我现在还得起。"清单上有很多事是他们从前生活里没完成的事，还有一些事与现在的问题有关。

我们让他们做了一个计划，完成清单上所有过去未完成的事。梅尔约前妻见面，在调解人的帮助下处理了财产纠纷。艾莉森先从偿还第一笔学生贷款开始，一件件处理清单上的事情。处理过去未完成的事情马上就对他们现在的关系有了积极的影响，这真让人感到鼓舞。他们的关系和谐了，交流沟通也更顺畅了。在解决生活遗留问题的过程中，他们成了盟友，而之前他们已经快要变成敌人。

那些过去未完成的事情对你的生活产生了哪些影响？为了帮助你理解，请回答以下问题，思考这些问题将改变你的生活。

- 我不允许自己有什么样的感觉？
- 我一直没有完成什么事？
- 我需要做什么去完成它？
- 我破坏了什么协议，并且没有去解决这个问题？
- 我说过要做什么事但却一直没有做？
- 我同意不做什么事但却做了？
- 我还有什么话没说出来？
- 我已经开始做什么事却还没有完成？
- 我欠了谁的钱？
- 我需要原谅谁？
- 我要感激谁？

最后两个问题尤其有效。为了完成过去的事情，你需要对那些曾经给了你动力的人表达原谅和感激，即使他们也曾伤害过你。在治疗过程中，我们看到有成百上千的人，在原谅和感谢过去生活中的某些人之后，他们的生活立刻发生了改变。当你紧紧抓住过去的怒气不放，不去表达感激，你会失去呼吸的空间，以及让正能量流过的空间。在你原谅、说出"谢谢你"的那一刻，解脱的感觉会为你带来新鲜的能量，推动你向前。未完成的事情对我们的控制非常强大，大多数人都没有意识到这一点。这些未完成的事情使我们在人生道路上行驶的时候，只通过后视镜看路。只有当你抬眼从挡风玻璃看路的时候，真正的改变才会发生。而真正能够建立觉醒的亲密关系的也是那些能看到真实的彼此、没有被未完成的过去束缚的人们。

第九章 | 走出困境的路径

在两性关系中，我们的相处模式有时会与对方的相处模式交错在一起，从而导致双方陷入困境。即使你并没有经历一段亲密的情感关系，也可能会陷入困境——每个人都会时不时地陷入困境。因此，我们不妨承认困境总是存在的，看看我们能做点什么。有些人认为他们生活得很好就不会陷入困境，这种想法不仅过分乐观，也是非常错误的。**评价人进步的一个可行标准是看你陷入困境时能多快脱身，以及你知道多少种脱身的办法。**如果你的成长变化非常大，那么你在一个星期内就可能多次经历受困并解脱的过程。

人之所以会陷入困境，通常是因为我们需要了解或体验某些事，只有了解体验了才能进一步成长。例如，一直以来你都在逃避愤怒的情感，所以可能你就是需要体验一下愤怒的感觉才会陷入困境。随着年纪的增长，生活总会有办法给你一次又一次的机会，去接纳你一直试图逃避的事情。当前的困境实际上就是你那充满创造力的内心为了使你了解愤怒而设计的一个又一个的场景。但同时，内心也会对你即将体会到的新鲜事物有抵触情绪。因此在你心里，一方面会有一股力量拽着你去经历那些对你成长很重要的场景，而同时也有另一股力量在牵制着你，试图保持原样。这股抵制新鲜体验的力量非常保守，它可能会认为："我们一直以来都活得好好的，所以不需要什么变化。"没错，你是活到了现在，但你现在并不仅仅满足于活着这么简单。你可能还想要成功、快乐、有见识。一旦你仅仅满足于活着，就无法达到这些更高的目标。

陷入困境时，你要做的第一件事是停下来，让自己好好体验这种感觉。要想挣脱受困的感觉，你需要先了解这种感觉。如何才能把受困的感觉作为成长的机会呢？我们来看看下面的方法。

感受并走出困境的过程

1.首先要承认："我陷入困境了。"在心里重复说几遍。倾听你说话时的语调。是谁的声音？你的吗？你父母的？还是其他人的？声音从哪儿来？大脑前面？侧面？后面？去体会——答案没有对错。

2.现在注意观察陷入困境后，你的身体有什么特殊感觉吗？胸部有压力？脖子僵硬？胃部痉挛？恶心？跟困境相关的到底是些什么样的感觉？

3.这些感觉让你想起了什么？有多熟悉？这些感觉与谁有关？在生活中，第一次出现这些感觉是在什么时候？

4.你需要从困境中学到什么？你最需要注意的是什么信息？

这个过程的目的是帮助你去认识困境，了解困境，而不是抵制或评判困境。以这种方式对待任何一种感觉都会给你带来无穷的力量，对待困境尤其如此。如果你能在负面漩涡的底部抓住自己，以一种关爱的、关注的方式面对这些不愉快的感觉，你将会学到非常有变革意义的事情。我们希望你能尽可能多地运用这个过程，直到你发现所处的发生了变化。

你会发现，困境总是会在你进行了权力争斗后悄然而至。因为在权力争斗中，每个人都想成为正确的一方，很少有人在意自己是不是快乐的一方。这种想法其实对陷入困境的双方都没什么好处：即使你成为正确的一方，那种满足的感觉也不会长久。

下面几个案例具体展示了感受并走出困境的过程，我们一起来研究一下。

案例一：最近伯尼和玛莎前来咨询，他们俩看起来像是卡通版的悍妇和老鼠。玛莎眉头紧皱，让人心生畏惧。她坐下来时，两臂交叉，两腿搭在一起，嘴唇噘着，时不时发出深深的叹息。伯尼额头上的皱纹很深，他挤在沙发另一端，侧对着妻子。他屏住呼吸，经常偷偷地瞄一眼妻子。两人就这么坐着，谁也不多说话。经过一番询问，伯尼描述了他当前的困境感觉：

我像是一个有情感的悠悠球，不能坚持自己的感觉。如果玛莎情绪高涨，我就感觉良好。如果她情绪低落，我就开始焦虑不安。我觉得我得做点什么去改变。

接着玛莎说，当她在诉说她的感觉或是工作中的事情时，伯尼总是急着插嘴，想让她好受一些，这让她非常生气。"我仅仅想让你听我说！我不需要你来解决任何事。"这话伯尼以前就听玛莎说过，他也想好好倾听玛莎，但就是控制不住自己。

我们建议伯尼练习一下感受并走出困境的过程。

伯尼感受并走出困境的过程

首先要承认：我陷入困境了。在心里重复几遍。

　　我就是一下子没感觉了，不知道怎么办，她如果感觉不好，我就无法集中注意力。

倾听你说话时的语调。是谁的声音？你的吗？你父母的还是其他人的？

　　是妈妈的声音，一种叹息和抱怨的声音。妈妈的关节炎很厉害，发作起来需要经常卧床。我一放学回到家就照顾她。（说到这儿停顿了几分钟，闭上了眼睛。）

声音从哪儿来？大脑前面？侧面？后面？去体会——答案没有对错。

声音好像来自侧面和后面。哦，是的，就像我离开妈妈房间时妈妈会叹气。

现在注意观察陷入困境后，你的身体有什么特殊感觉吗？胸部有压力？脖子僵硬？胃部痉挛？恶心？跟困境相关的到底是些什么样的感觉？

就在肋骨下方有颤动的感觉。我在屏住呼吸。我觉得眼睛里有虫子，好像要蹦出来一样。我的整个身体好像被什么东西按住了，挤压得难受。

这些感觉让你想起了什么？有多熟悉？这些感觉与谁有关？在生活中，第一次出现这些感觉是在什么时候？

有时候我会帮妈妈做点事，做点家务，觉得自己很有用。妈妈会感觉好多了，我记得那种快乐的、被需要的感觉。但是也有很多时候妈妈疼得厉害，而我帮不上任何忙。我真的觉得很无助。

你需要从困境中学到什么？你最需要注意的是什么信息？

哦，我想我需要弄明白哪些是我的感觉和体验，哪些是别人的。就像我不能让妈妈的疼痛消失一样，我也无法让玛莎的问题消失。我还觉得我需要找到新的办法帮助别人，而不是四处徘徊等待。

对于这些受困的感觉，你需要做什么？你需要跟谁谈话？是不是需要采取行动？

我觉得我得多谈谈爸爸不在家时是什么样子（他总是在工作），他一不在家，我就觉得自己更有责任照顾好妈妈。可能我需要跟爸爸谈谈这些。对于玛莎，我认识到，我需要大声说出自己的想法，不能什么事都等着她来决定。我也可以问她是否需要帮助，而不是总扮演"救星"的角色。

在你当下的生活中，谁最能帮助你实现真正的自由？谁能坚定地与你坦诚相待，你也能与他们坦诚相待？在挣脱困境时你怎样得到想要的帮助？

我工作中有这样一位朋友，他好像总能知道我身上发生了什么事——他一看我的脸，就能清楚地知道到底怎么了。这简直让人受不了，但是我猜他真的能看透我。有时候我们会一起出去吃个午饭。我知道他希望我们的友情能够进一步发展。是的，我可以请他来帮忙。

事实上，伯尼在练习整个过程时，玛莎感动了。随后，他们轻声交谈了几分钟，交流了彼此对改变的想法。我们也同伯尼探讨了等待这个词的意义，因为这个词在伯尼走出困境的过程中很关键。伯尼在这个词上发现了三个层次的意思：等候，像是餐馆里的服务生；等待，要么是消极的，要么是主动的；负重，像是责任的重担（英文单词中等待和负重的发音一样）。一旦他真正认识到，早年与母亲在一起的经历，给他现在的生活带来了涟漪效应，他就开始把过去的生活画面从现在的生活中分离开来了。

案例二：莱恩和嘉丽的困境模式在他们为期不长的婚姻中已经出现多次了。嘉丽动不动就会有个他们所谓的"阶段"，她总是"莫名其妙地"就开始暴躁，觉得"什么事都不对"，想要离家出走。事实上她经常这么做，把年幼的女儿留给莱恩或是邻居，消失几个小时。莱恩试着不去在乎这些阶段，试着说服嘉丽走出抑郁，后来莱恩的反应也成了一种固定模式。他说他很困惑，不知道该怎么做。在确定他们都有解决问题的意愿后，我们建议他俩在对方的陪伴下，各自探索一下走出困境的过程。

莱恩感受并走出困境的过程

首先要承认："我陷入困境了。"在心里重复几遍。倾听你说话时的语调。

> 这种语调是不满的、刺耳的、持续的，就像是蛇的嘶嘶声。

是谁的声音？你的吗？你父母的还是其他人的？

> 听起来像是妈妈的声音，也有外祖父的声音，是两个人的合音。

声音从哪儿来？大脑前面？侧面？后面？

应该是在后脑上方，我能听到，也能感觉到。

去体会——答案没有对错。

我的头开始咚咚地疼。

现在注意观察陷入困境后，你的身体有什么特殊感觉吗？胸部有压力？脖子僵硬？胃部痉挛？恶心？跟困境相关的到底是些什么样的感觉？

我后背肩胛骨中间的地方感觉僵硬疼痛。头不那么疼了，但我觉得头晕目眩。胸口砰砰的，是那种尖锐的锯齿状的疼痛。

这些感觉让你想起了什么？有多熟悉？这些感觉与谁有关？在生活中，第一次出现这些感觉是在什么时候？

我回想起第一次有这种感觉是在7岁那年。外祖父搬过来和我们一起住，一直住到几年后他去世。他来了以后把家里搞得像他以前的军营似的，一切都是他说了算。爸爸妈妈都在退让。妈妈变得非常忙碌、爱干净，总是冲着我们嚷嚷，要我们做这做那，或者做得更好，不要去烦外祖父等等。爸爸变得冷冰冰的，清心寡欲。他总是待在车库，捣鼓些小玩意儿。那时候我觉得自己被抛弃了，很生气，但不知道该怎样表达。

你需要从困境中学到什么？你最需要注意的是什么信息？

　　我需要真正感受我的气愤，更好地了解这种情绪，这样我就不会因为这种情绪让自己痛苦了。我觉得我对嘉丽的反应就像是把她看成了我的外祖父。好像我既要承受妈妈发脾气，又要承受爸爸的无动于衷，我被两者夹在中间。

对于这些受困的感觉，你需要做什么？你需要跟谁谈话？是不是需要采取行动？

　　我一直喜欢劈柴，现在我知道为什么了，我可以通过劈柴来释放我的紧张情绪。我生气时要说出来，嘉丽开始滑向那个"阶段"时我要表明立场。我现在还不知道会是什么情形，但我需要不断地说出心里话。

在你当下的生活中，谁最能帮助你实现真正的自由？谁能坚定地与你坦诚相待，你也能与他们坦诚相待？在挣脱困境时你怎样得到想要的帮助？

　　我哥哥汤姆住在城里，我们的关系一直很好。我知道他会支持我帮助我，我什么事情都可以跟他讲。他可能会觉得这像是一部侦探小说，把所有的线索集中到一起就可以解出谜团。

莱恩在这个过程中经历了悲伤、气愤、恐惧，最终体验到了轻松和快乐。我们鼓励他保持这种感觉，然后轮到了嘉丽。

嘉丽感受并走出困境的过程

首先要承认:"我陷入困境了。"在心里重复几遍。倾听你说话时的语调。是谁的声音?你的吗?你父母的还是其他人的?

我听到自己的声音在一遍遍地说:"不,我不要!"有点生气,也有点害怕。声音听起来年纪很小,三四岁大吧。声音是从我身后传来的。

去体会——答案没有对错。

我觉得非常难受。(开始哭泣,呜咽了几分钟。)

现在,注意你的身体如何体验困境的感觉。胸部有压力?脖子僵硬?胃部痉挛?恶心?跟困境相关的到底是些什么样的感觉?

我觉得喉咙非常紧,好像是有绳子缠着一样。太阳穴很疼。两只手发痒,脚和脚踝都疼。

这些感觉让你想起了什么?有多熟悉?这些感觉与谁有关?在生活中,第一次出现这些感觉是在什么时候?

我记得我很小的时候就经常大发脾气——家里人都知道。我非常希望爸爸能注意我。(嘉丽是五个孩子中最小的一个,是个"意外"。)但是我很早就知道这些事了,甚至更早一些……(安静了几分钟。)我确实知道,不知是因为什么原因，他们并不想要我，我本来是不能出生的。我比预产期晚了两个星期，妈妈生我时精疲力竭，医生后来不得不用了产钳。我从来不去任何我觉得自己不受欢迎的地方。

你需要从困境中学到什么？你最需要注意的是什么信息？

我觉得我从来没有真正决心要存在，不管是在这段婚姻中还是在这个世界上。我得选择让自己存在。

对于这些受困的感觉，你需要做什么？你需要跟谁谈话？是不是需要采取行动？

我需要做些塑身活动去释放这种旧有的模式，我觉得按摩会管用。这样的感觉出现的时候，我需要说出来，而不是一走了之。不管怎样，我需要行动起来，不能固执抓着过去不放。

在你当下的生活中，谁最能帮助你实现真正的自由？谁能坚定地与你坦诚相待，你也能与他们坦诚相待？在挣脱困境时你怎样得到想要的帮助？

莱恩，我想跟你一起改变。我知道你一直都在我的身边，但我却把你拒之门外。你愿意做我的伙伴，一起去获得自由吗？

莱恩走过去抱住了嘉丽。他们说话的时候，我们离开了房间，给他们留一些单独相处的时间。

案例三：伊丽斯是个很有魅力、很年轻的职业女性，五年前离异，到现在还没有新男友。她专门来咨询，怎样才能重新获得一份可靠的情感。像她所说的，"从单身酒吧到塞拉俱乐部（美国著名环境组织）"她"基本上什么活动都尝试了"，但总是遇不到能够交往下去的男人。他们要么已婚，要么是坚定的独身主义者，要么有婚姻恐惧症。甚至有一个男人在与她交往的时候，还在秘密地与另一个女人约会。有一次他们周末约好要见面，结果那个男人没来，伊丽斯找到他家，得知他刚刚结婚，去度蜜月了。不用说，伊丽斯陷入了一个她无法理解的困境中。她迫切地想要找到问题的根源，于是我们建议她练习一下感受并走出困境的过程。

伊丽斯感受并走出困境的过程

首先要承认："我陷入困境了。"在心里重复几遍。倾听你说话时的语调。是谁的声音？你的吗？你父母的还是其他人的？

> 我很吃惊，要我承认陷入困境竟然这么困难。我可以感觉到自己不愿意承认这一点……说话声低沉单调，非常疲惫沉闷。听起来像是清晨爸爸喝过很多酒之后的声音。

声音从哪儿来？大脑前面？侧面？后面？去体会——答案没有对错。

> 我觉得声音就在下巴下面的喉咙处。我去注意它的时候，真的觉得很难受。

现在注意观察陷入困境后，你的身体有什么特殊感觉吗？胸部有压力？脖子僵硬？胃部痉挛？恶心？跟困境相关的到底是些什么样的感觉？

> 大脑一片空白，就像在一间黑屋子里刚关掉灯。我觉得喉咙那里有个很大的肿块，胃里在翻腾搅动，右腿和右边屁股剧烈地疼痛，脚指头刺痛。肩胛骨之间也又酸又痛。

这些感觉让你想起了什么？有多熟悉？这些感觉与谁有关？在生活中，这些感觉第一次出现是在什么时候？

> 我能感觉到我心里不愿去面对这一点，好像有人在说，"你怎么了！你留不住自己的丈夫，到底什么让你觉得其他男人会想要你！"争吵那么激烈！难怪我觉得这么累……（停顿了几分钟，轻轻地哭了。）所有这一切让我想起了爸爸喝醉酒时和妈妈的争吵。我会回到自己房间坐下，开灯关灯，开灯关灯。我想做点别的事情，但我没法思考。妈妈最后在我 9 岁的时候离开了爸爸。为了养家她得回去工作，我们都要做家务，放学后要打工。我那时偶尔会见到爸爸，爸爸开车进城把我们带走，疯玩一通，然后又一连几个月不见人影。

你需要从困境中学到什么？你最需要注意的是什么信息？

> 我觉得我一直在等待某个人来填满我喉咙这里可怕的孤独感觉。（又哭了几分钟。）你知道，我生活中一直很孤单。唐（前夫）在不在我身边都不重要。我真的觉得我需要学习独处，做自己的朋友。

对于这些受困的感觉，你需要做什么？你需要跟谁谈话？是不是需要采取行动？

　　我想跟爸爸谈谈，但是他已经去世了……我可以在心里跟他谈。有很多事情我想做到但都没做到。哦，我明白了，我腿上的疼痛是因为我想去踢他。我仍然很生他的气，但也很难受……我明白了，我要追求自己，花些时间关心一下自己，比如带自己出去吃晚饭，或者去欧洲旅游。我一直想去欧洲旅游，但以前我一直在等待某个男人带我去。嗯，就像等着爸爸出现，带我去某个令人兴奋的地方。

在你当下的生活中，谁最能帮助你实现真正的自由？谁能坚定地与你坦诚相待，你也能与他们坦诚相待？在挣脱困境时你怎样得到想要的帮助？

　　我有个中学时就认识的朋友。我们非常了解对方，这些年我们一起经历了人生的高山低谷。我们无话不谈。我知道她会很高兴帮助我度过这个困境的。

伊丽斯开始意识到她为什么得不到自己想要的了。她花了几个月的时间和自己交朋友，独自一个人在欧洲玩得很开心。在英国她遇到了一个男人，两人交往得很好。现在她又回到了那里，打算长期生活一段时间。

结　语

想象一个崭新的情感世界

　　我们的内在需要与他人建立亲密关系，这种需要已经进化了几百万年，还会一直陪伴着我们，直到世界终了。从远古到近代，人与人之间的交往无非是为了生存，获得安全感，延续人类物种。而现在，我们又对人际交往提出了一个新的要求：**与人交往要带给我们幸福感、成就感、创造性，甚至还要有启迪**。从工作中接触的事例和我们亲身的情感体验来看，这个新要求非常自然，给生活带来了无限的可能。但要实现这个要求，你必须拥有罕见的勇气和一套新的技巧。需要勇气是因为在与人相处这个问题上，我们还在探索，还在开拓全新的领地。这块土地广袤无边，充满各种可能性，就像是外太空的边疆地，所以几乎你走的每一步都是对未知的探险，没有勇气是不行的。毕竟，生活中你能有多少可能真正看到你想要的关系和情感？

　　记得我和爱人在刚刚踏上觉醒的亲密关系的旅途时，也是一边走一边摸索，没有任何前人的模板和经验可以参照借鉴。除了高尚的目标、坚定的信仰，一切都必须由我们一边前进一边创造。现在，我们的爱的确充满魔法，有着无限可能，但这也是我们花费了几年的时间去实践经营的结果。即使是魔法也需要练习，尤其是在风险很高、过去模式的力量很强大时更需要练习。我们希望你把觉醒的亲密关系的旅程看成是持续一生的活动。那样的话，在你犯错误的时候，你可能会对自己更有耐心。

以前的时候，人们会使用浸染—褪色的技术做出不褪色的布料。每一天都把布料浸入染料中，然后挂在太阳下褪色。第二天再浸染一次，再挂起来褪色。在这个过程中，褪色和浸染的作用一样重要。只有经过褪色，布料才可能经受住更多水洗和磨损的苛刻待遇。对于建立觉醒的亲密关系也是同样道理。我们阅读理论并通过各种活动来练习爱的技巧，就是在每天浸染布料。练习之后一定要把技巧运用到生活中，运用到你所有的人际关系中。开放、冒险和不断的实验都是让布料褪色的方法。通过练习你会发现，这些新技巧毫不费力地融入了你的生活中。

我们的很多咨询者都发现，在践行觉醒的亲密关系时，有些活动看起来很简单，却经常会带来强有力的突破性进展。例如，一位女士告诉我们，她开始在生活中运用说出细微感受的技巧时，不可思议的事情发生了。她本来觉得很难在丈夫面前讲真话，但是一天早上，她冒了一个小小的风险。她在跟丈夫说话的时候，发现胃部一阵痉挛。她说："我的胃现在很难受，我不知道为什么。"丈夫眨了眨眼，脱口而出："可能是因为我一直对你撒谎吧。"接着丈夫倾吐了一连串大大小小、一直隐瞒她的事情。五分钟热烈的交流之后，他们的关系一下子从隐藏秘密的、半明半暗的世界跳到了亲密关爱的阳光下。接下来的六个月，他们练习了更多的技巧，但是她觉得，他们的关系就是从她看起来平淡乏味却实话实说的那一刻开始改变的。

在本书的最后部分，我们为那些希望加快学习本书内容的人们设计了一些活动。每一种活动都确切描述了一种技巧，我们在研讨会和治疗过程中发现，这些技巧会给两性关系带来积极的变化。这些活动会教给你具体的方法，帮助你把理论应用于实践。多年来我和爱人每天都在践行着这些理论和技巧，结果我们体验到的乐趣比想象的还要多。如果你也愿意在生活中建立觉醒的亲密关系，我们愿意送上衷心的祝福，也愿意奉上我们多年累积的经验和知识，陪你踏上这美好征程。我们希望在这个世界上，每个人都能有思想、诚实、对爱敞开怀抱。人类已经证明，只要敢想，我们就能够在月球上行走。现在，让我们开始一项更重要的任务吧，去创造一个地球，那里的人们都在觉醒的爱中彼此赞扬。

亲密体验 37 法

通过练习，你能拥有高能量亲密关系

做完所有练习，你的生活将发生改变，如果能将这些练习持之以恒，迎接你的必定是新鲜和惊喜。

想要拥有觉醒的亲密关系，你必须超越理论，进入身体体验的层面。

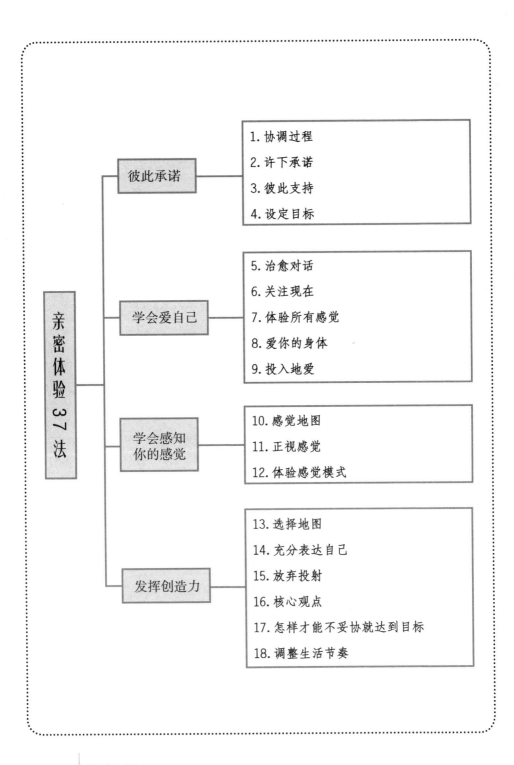

亲密体验37法

- 彼此承诺
  1. 协调过程
  2. 许下承诺
  3. 彼此支持
  4. 设定目标

- 学会爱自己
  5. 治愈对话
  6. 关注现在
  7. 体验所有感觉
  8. 爱你的身体
  9. 投入地爱

- 学会感知你的感觉
  10. 感觉地图
  11. 正视感觉
  12. 体验感觉模式

- 发挥创造力
  13. 选择地图
  14. 充分表达自己
  15. 放弃投射
  16. 核心观点
  17. 怎样才能不妥协就达到目标
  18. 调整生活节奏

觉醒的亲密关系

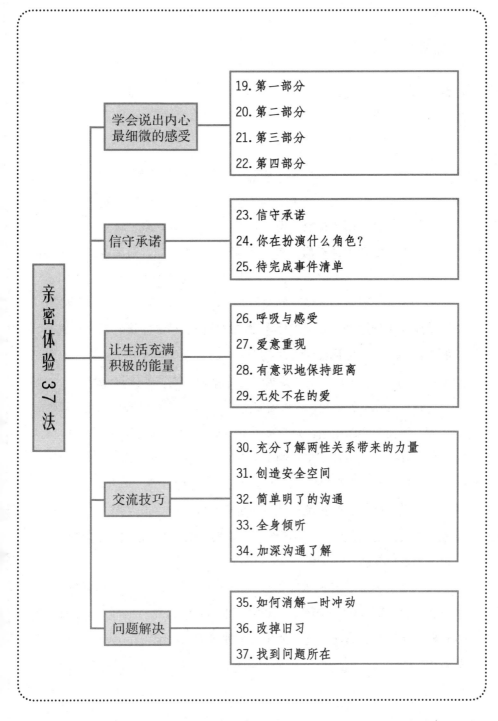

为了让你对书中提及的理论有更直观的认识，我们设计了一系列活动。**这些活动都很有趣，你也可以称它们为游戏，边玩边做。**根据觉醒的亲密关系的七大步骤，我们把这些活动分了类。此外，我们还特别为提高交流技巧、解决问题设计了两个部分的活动。建议你按照所给顺序来做这些活动，这样你才能以平衡、踏实的状态来体验觉醒的亲密关系。可能你会因为对某些内容感兴趣而跳过某个部分，但要记住在你走全程的时候，一定要把每个部分的内容都体验一遍。

这些活动有的很短，仅仅着眼于一个技巧；有些则较长，包含几个步骤，可能需要你花上几天的时间去学习、整合。不管什么样的活动，你要记住，一旦选择了觉醒的亲密关系，你就在内心开启了强有力的改变过程。走在改变的路上，你要学会尊重这种力量，学会爱自己。

在这条路上，你可能会偶尔碰到个小障碍。这很自然，你也应该能预料到。还记得你学自行车时的情景吗？没有当初的跌倒、摔跟头，恐怕到现在你还不会骑吧。

有时候碰到的障碍很小，你可能都没有意识到。你会时而就想，"我要放弃""这太荒唐了"，或者"我觉得我最好回去睡个觉"。所有这些都是征兆，表明你已经处于突破性进展的边缘。在过渡到更高的意识层次之前，做好会陷入困境的准备吧。你的自我意识肯定更愿意保持现状，因为它习惯了这种存在方式，迈向更高层次就改变了根基，这自然会威胁到它。于是，自我意识就说："噢，你要去的是我们不熟悉的领域，还是回到舒服的老地方吧。"自我意识有很多种办法弄翻你的自行车，要对这一点有预见性，摔倒之后爬起来再骑上车。要关爱自己，尊重自己，追求更好的生活。同样道理，在取得了一个大的进展之后，人们通常会陷入另一个困境。因为我们不习惯体验那种全新的正能量，所以就想办法打败自己。你只需要关注正在进行的过程，一步步按照计划往下走就可以了。陷入困境的时候，这本书里第九章的活动会尤其有用。

没必要不间断地做这些活动，完全可以时不时地停几天，去吸收整合你所学到的东西。但是，在哪里停下，就在哪里开始。还有，**不要只选择喜欢的活动，不要只关注这些活动，而排除了其他的活动。**因为人们只要这样做，就总是会跳过他们最需要做的活动。为了达到最好的体验效果，你要确保做完整个进程里的所有活动。觉醒的亲密关系绝对值得每天花 15~20 分钟来练习。做完所有活动，你的生活将会发生改变，如果能将这些活动持之以恒，迎接你的也必定是新鲜和惊喜。我们的很多咨询者每年都会重新做一次这些活动，作为对自己的调整。不管做了多少次，每次的体验都是不同的。

每个人的学习方式和习惯都不尽相同，我们设计的活动也迎合了不同的学习风格。有些活动要写东西，有些活动要和人交流。很多活动还包含肢体运动，这也是非常重要的。要掌握觉醒的亲密关系，你必须要超越理论，进入到身体体验的世界。另外，肢体活动会帮助你脚踏实地。理论会让你飘在空中，而肢体活动可以让你回到地面。空中和地面都很重要，我们设计的活动就是要提升你的维度。

我们之所以设计这些活动，是因为它们确实很有作用，能够改变人们的生活。**有些活动设计出来就是为了让你独自一人体验，有些活**

动你可能需要找个同伴一起做。如果你现在还没有亲密的恋人，那就找个关系不错、你希望进一步交往的朋友。不管你是独自做这些活动，还是跟爱人或朋友一起做，我们保证你都会收获很多。

没有同伴怎么做

要解决过度依赖的问题，不一定非要有同伴。先一个人把所有的基础工作做好，然后走出课堂，到真实的世界中去运用你所学到的知识。实际上，有些时候自己一个人解决这些问题，反而比两人来做简单得多。

所有这些活动中大概有一半可以独自完成。当然，所有这些活动也都可以跟一个朋友或是亲密的爱人一起完成。如果没有人和你一起做也不用担心，下面这些活动自己做很容易：

- 制定承诺
- 关注现在
- 治愈对话
- 选择地图
- 感觉地图
- 呼吸与感受
- 核心观点
- 设定目标
- 信守承诺
- 体验感觉模式
- 待完成事件清单

有几种活动，比如治愈对话，可以先录下来再听，不需要重念每一条指令。另外，我们建议你写日记，记录下你在这个过程中的探索。

如果你或者你的同伴是初学者，我们建议你们从下面这些活动开始，这样你们可以先好好适应，然后再进行其他更复杂的活动。

- 协调过程
- 治愈对话
- 充分了解两性关系带来的力量
- 简单明了的沟通
- 选择地图
- 学会说出内心最细微的感受

最后一条建议：愉快地开始吧！

彼此承诺

- 1. 协调过程
- 2. 许下承诺
- 3. 彼此支持
- 4. 设定目标

1. 协调过程

目的

帮助人们在两性关系中形成团结一心的感觉。

说明

这个技巧很容易学会，夫妇俩（或任何两个人）可以在下列两种情况下使用。第一，争吵正激烈的时候，这个技巧非常有用。协调过程后，你们通常很快就能从困境走向团结。第二，每天都在生活中练习这个技巧，与伴侣建立共同的目标，这样可以防止很多矛盾发生。协调过程所需要的仅仅是你的意愿，你愿意吗？

开始

a. 面对面舒服地坐下。首先，确定好谁做甲方，谁做乙方。甲方，闭上眼睛，以四拍的节奏缓慢吸气呼气。主要用腹部呼吸。一……二……三……四……吸气，一……二……三……

四……节奏慢一点。继续以这种方式呼吸，放松腹部。乙方，观察甲方的呼吸，尽可能使自己的呼吸节奏与之相同。继续做两到三分钟。

交换角色。乙方，闭上眼睛，以四拍的节奏缓慢吸气呼气，像上文所说的那样。甲方，观察乙方的呼吸，尽可能使自己的呼吸节奏与之相同。继续做两到三分钟。

b. 甲方，以四拍的节奏缓慢地吸气呼气。乙方，闭上眼睛，倾听甲方的呼吸声，根据听到的呼吸声，调整自己的呼吸节奏与之相同。继续做两到三分钟。

交换角色。乙方，以四拍的节奏缓慢地吸气呼气。甲方，闭上眼睛，根据听到的乙方的呼吸声，调整自己的呼吸节奏与之相同。继续做两到三分钟。

c. 双方都通过观察和倾听来调整自己的呼吸。以四拍的节奏缓慢地吸气呼气，通过观察和倾听，使自己的呼吸节奏与对方相同。继续做两到三分钟。

d. 继续调整呼吸，搬来椅子并排坐下。找到舒适的坐姿后，双方都把手放到对方后背上。闭上眼睛，通过手感觉对方呼吸的起伏，调整自己的呼吸节奏与之相同。继续做两到三分钟。

e. 轻轻地拿开手，放松一会儿，仍然并排坐着。准备好了后，睁开眼睛，花几分钟时间讨论你们的感受。

讨论

实践了这个过程的人们认为，他们更深入地了解了对方，这种体验非常强烈。障碍和误解好像都消失不见了。一位女士告诉我们："我真的站在全新的角度理解了伊万的观点，有那么一刻，我几乎觉得我就是他。"这个过程绝对值得你投入时间做一做，把它变成你日常生活的一部分。

2. 许下承诺

目的

指导你怎样绘制蓝图，去改变你们的两性关系；帮助你练习全身心交流的能力，把你们所有的力量都集中在一个目标上。

说明

共同设想蓝图能确保你们两人想要得到的东西是一致的。例如，你们当中一人内心非常渴望得到一座城堡，而另一人却梦想着拥有一个湖边小屋，那么这个活动将会给你们机会把愿望结合起来，设计一个共同的梦想。

在这个活动中，你有机会和整个自我对话，这会给你带来内心力量的支持，可能你还从未意识到自己拥有这种力量。

开始

第一步

a. 每个人写下所有的重要承诺，列个清单。把下面这些承诺依次写在日记本的空白页上。

- 我承诺与人建立亲密关系，并努力扫除一切障碍。
- 我承诺不断完善，保持独立的自我。
- 我承诺在亲密关系中开诚布公，不隐藏。

- 我承诺帮助他人做完整的自己。

- 我承诺为自己的生活百分百负责。

- 我承诺在相处过程中享受美好时光。

b. 每次挑出一个承诺，说给自己听。然后停顿 10~15 秒钟，看看你的意识中出现了哪些想法、画面或是感觉。在日记本上所列的每一个承诺后面，写上或者画上你的反应。例如：

```
                                    害怕自己被别人依靠

                                    我得到的就少了

                                    头发痒

我承诺帮助他人做                     兴奋
完整的自己。
                                    我怎样才能做到

                                    你不会再需要我了

                                    感觉脸颊炽热

                                    爸爸坐在新车里的画面
```

c. 双方都做完后，花点时间分享你们所写的内容。

第二步

a. 保持舒适的距离面对面站着。确定你们俩谁先交流，谁作回应。交流者，大声对同伴说出你的每一个承诺，然后停顿 10~15 秒，观察你的反应。回应者，观察交流者的身体语言，鼓励对方与你进行全面、坦率、直接的交流。

有些身体语言表明交流不够全面、坦率、直接，比如：畏缩、缩下巴、看地板、咳嗽或清嗓子、双手放在背后、声音小、忘词儿、喊叫、伸手指、插入其他话题。这些都是潜意识传递的信息，表明你的潜意识在说话。如果你发现自己也在做类似的动作，请说出内心细微的感受，然后重复说出承诺。

b. 回应者，帮助交流者保持说话时抬头、眼睛平视、身体打开。注意不要走神，要像个啦啦队长或教练那样全心参与这个过程。例如：

> **交流者**：我承诺在相处过程中享受（咳嗽，咳嗽）美好的时光。
>
> **回应者**：我发现你刚才咳嗽了，怎么回事？
>
> **交流者**：我觉得嗓子沙哑。我觉得眼睛里有眼泪。我怕自己太忧郁了，学不来乐趣。我怕你觉得你找了个废物，会离开我。
>
> **回应者**：好的，我听到了。深呼吸，再说一遍承诺。

c. 一方说完承诺后，交换角色。轮流交流，对每一个承诺作出回应，直到双方都觉得明白无误、充满能量、进行了充分表达。

3. 彼此支持

目的

让你探索给予和接受支持的能力，发现在这一能力方面你有哪些障碍。

说明

如果在两性关系中，你能够轻松地给予和接受情感重量，就更可能感受到支持。在觉醒的亲密关系中，支持就像跷跷板的支点，它的很大一部分乐趣在于通过彼此交换支持，双方都能获得上升所需的能量，体验抵达顶端的快感。

开始

a. 面对面站着，两人把手放在一起，掌心相对。身体向对方前倾几厘米。一次一步，脚向外挪，后背挺直，直到你们俩的身体形成一个大写的 A。保持一会儿，注意身体的感受、想法和感觉。然后恢复独自站立，观察你体验重量的不同方式。

b. 并肩站立，倚靠对方。改变身体姿势去倚靠对方，但又不至于摔倒。观察你的姿势是否舒服。一两分钟后，直起身来，背对背站立，靠向对方的后背。试验一些姿势，能让你们俩觉得在分担对方的重量。几分钟后，恢复独自站立。

- 在我们的日常交流中，支持模式是如何显现的？

- 在给予或接受支持的反应上，我想要改变什么？

- 有没有什么事需要我请求支持，我怎样才能做到？（例如："我需要你帮我看看我准备的演讲，明天上班要用。你愿不愿意听一听，帮我把把关，看我讲得是否清楚？"）

4. 设定目标

目的

有意识地运用头脑的力量去设计自己的现实世界，能帮助你制定并实现目标。最终得到什么样的结果，取决于你对生活是怎么设计的。

说明

这个活动由四部分组成，是我们所了解最有效的觉醒的表现形式。在第一部分，你自己或跟同伴一起想想都有哪些目标。（你可能要跳到后面第13项"选择地图"部分，在那里写下的日记可能在这个过程特别有用。）想一想你要什么，不要想你不要什么。例如，当你想的、做的都是你想要的，而不是把精力集中在你要躲避的事情上，你往往会有更多的机会去实现目标。

开始

第一部分

在日记本上列出两个清单：我为自己想要的事，我为两性关系想要的事。清单内容可以包括物质方面、情感方面和精神方面。例如：

我为自己想要的事：

我想要一辆崭新的红色跑车。

我想要爱护自己的身体，以健康的方式滋养身体。

我想要了解我在这个星球上存在的意义。

我为两性关系想要的事：

我想要两人平等地分担养育孩子的责任，共同安排家庭活动。

我想要拥有和谐的性关系。

我想要我们两人工作中都很快乐，而且把这种快乐带到我们的生活里来。

把清单列得尽可能长一些。列完以后，互相看看对方的清单。如果你的清单和对方的迥然不同，安排时间讨论，找到不一致的真正根源。可能是因为有所保留，可能是因为投射作用，或者是不愿面对未被探索的生活。

第二部分

这部分活动中有两个角色：教练和运动员。确定谁先做运动员，谁先做教练。运动员，选定希望实现的目标，将注意力集中在你想要而不是你不想要的事情上。例如，不要说"我不想再跟妈妈争吵"，而要说"我想要和妈妈拥有亲密、明朗的关系"。确定目标之后，教练会问你三个问题：现在是什么样子？你想要什么结果？说出你的目标。例如：

教　练：现在是什么样子？

运动员：每次我和妈妈一见面就要吵架，我真的很难过。

教　练：你想要什么结果？

运动员：我希望和妈妈拥有亲密、明朗的关系。

教　练：说出你的目标。

运动员：我要有意识地和妈妈发展亲密、明朗的关系。

教练，帮助运动员正面、清楚地说明当前的目标。让你的运动员说出目标，直到他/她的整个身体都进行了充分、清楚的表达。

运动员回答完这三个问题后，交换角色。两人都完成之后，在日记本上记录下你们说出的目标。

第三部分

这个部分也有两个角色：关爱者和运动员。确定谁扮演什么角色。关爱者问运动员：现在是什么样子？然后指导运动员用一点时间爱他/她现在的样子。例如：

关爱者：现在是什么样子？

运动员：我的体重有 150 公斤，我讨厌自己现在的样子。

关爱者：用一点时间爱你自己现在的样子。

运动员：我这么做的时候，觉得有点难受，但也有放松。我好像明白了，为什么自己总感觉这么沉重。那么，我不必在意别人的眼光了，那挺吓人的。

每个人轮流做关爱者和运动员。然后休息一会儿，接着做第四部分活动。

第四部分

你们两人都舒适地坐下，分别做这个活动。轮流逐字地把下面的指令读给对方听：

放松，闭上眼睛。尽可能生动地想象、感觉或倾听你的目标。（停顿10~15秒钟）现在慢慢地、充分地呼吸2~3分钟。想象你的呼吸变成了一朵轻柔的云彩，托住了你的目标。现在休息一会儿，稍后重复此活动。

讨论

有意识地制定目标会遇到一个障碍，即我们害怕想出我们真正想要的事物。我们担心得到的事物、结果会对整体的成长不利。在这些活动中，我们要做的就是去试验、纠正错误。尽最大努力思考你想要的，设定出来，如果结果并不十分满意，那就纠正它。"选择地图"（第13条）会帮助你练习找到内心深处最想要的事物。

人可以从失误和打击中学到很多东西，我们收集了很多关于失误的笑话。例如，有位女士列出一个长长的清单，写满了她理想中的男人应该具备的品质，唯独忘了提到这个男人是愿意结婚的。所以接下来，她遇到了一个完美的男人，除了一点：他是个坚决的独身主义者。《神鬼愿望》是我们最喜欢的一部电影，因为它生动地证明了，人在说出目标时一定要慎之又慎。影片中主人公与魔鬼做了个交易，用他的灵魂换取七个愿望。他不断尝试跟他认识的一个女人建立恋爱关系，但每次都没跟魔鬼交代清楚，导致魔鬼频频失误。例如，他希望身处一群女人之中，这些女人对人毕恭毕敬，一副崇拜状。"你真的想要这个？"魔鬼问道。"是的！"他回答。一瞬间他被送到了一个修道院，周围的女人都对上帝毕恭毕敬，但没一个女人对他这样。

人们有时害怕他们设定的目标会闯下大祸，就像弗兰肯斯坦博士（Dr. Frankenstein，科幻小说中的主人公，是一名科学家，最后死于自己制造的怪物之手）一样，或是害怕目标变成了宇宙中那个巨大的黑洞，人们在这黑洞里迷失了自己。

为了处理这个问题，我们建议使用"宇宙条款"去开始或结束任何一个创造性的试验："但愿我所有的表现都会对我、对他人、对整个世界产生完全有利的结果。"

如果最终设定出来的目标与你的意图不相符，请考虑下面的做法。

1. 整理场景中未被感知的感觉。一旦你开始愿意去感知，感觉就会变得清晰。例如，我们一位单身的女性咨询者，一直想要找到一生的伴侣。最近在她生活中出现了一个男人，她本来觉得是她想要的类型，但却发现他专断、爱操纵人。最初的气愤过后，她开始研究这段情感，把它作为一面镜子，去探寻她在专断和操纵方面未被感知到的感觉。她发现，对于从前那段未婚同居的关系，她有那么多的气愤和悲伤。她说："如果我去控制，那就什么事也没有！一旦我不再控制了，他就离开了我。"她意识到，她需要一点时间去充分体验、关爱这样的感觉，然后才能准备好开始下一段恋情。

2. 注意与场景有关的任何身体创伤。例如，如果你制定了升职的目标，却发现肩膀开始紧张、疼痛，你或许可以把这种紧张当作一种身心的信息。你可以用推拿、指压按摩或其他物理疗法，来帮助你探索成功与身体不适之间更多的联系。

3. 处理拖拽明确动机的潜意识动机。在设定目标的过程中，不同的意图会发生冲突。例如，你可能意识到，你想要一辆新跑车是因为你喜欢跑车的力量和功效，你也可能是想向父亲证明你是成功人士，跟你那个拥有奔驰的哥哥竞争。当你有了两个动机，表现出来的往往是那个潜意识的动机。这些潜意识的动机需要得到承认和体验，这样你才能为有意识的动机清理道路。

我们建议你在日记本上留出一部分空白，记录你的目标和结果。

学会爱自己

5. 治愈对话
6. 关注现在
7. 体验所有感觉
8. 爱你的身体
9. 投入地爱

亲密的两性关系会让某些东西显现出来，通常最显眼的是我们自己不可爱的地方：我们的身体、我们的感觉、我们的过去、我们的想法。下面这些活动可以帮助你学习如何接纳这部分的自己，不要总想着改善或摆脱这样的自己。

这些活动会一步步地帮助你消除这种"讨厌！"的反应。例如，最近有位咨询者说："讨厌！我不喜欢我的大腿，我多希望这不是我的腿。"面对我们曾经憎恨或压抑的东西，想要说爱并不容易，这需要练习。这种练习也有助于提高你爱自己和爱伴侣的能力。

5. 治愈对话

目的

让你直接走入内在自我，让内在自我和外在自我之间的关系更和谐，这种和谐的感觉会帮助你改善两性关系。

说明

如果你很幸运，你会在内在自我和外在自我的良好关系里成长。

不幸的是，我们很多人生活在外在自我中的时间太长了，与内在自我失去了接触。因此，内在自我一点点地被忽视、掩埋了，它不得不通过身体语言大声地向我们抗议。通常这些身体语言包括：疼痛、紧张、脉搏不稳或是疾病。

当两个自我不和谐时，你更有可能把这种不和谐通过隐瞒、麻木、责备、困惑等，投射到你的伴侣身上。使用治愈对话会增加你与内在自我的直接接触。不管你发现了什么，这种接触本身就会带来变化。

在初始阶段，你要坐下来闭上眼睛进行治愈对话。接下来，随着技能的提高，你将学会在动态中、在日常生活中进行治愈对话。首先通过几个步骤放松身体，接触到内在的自我。接下来选择一件事或一个问题，向你的内在自我提出问题，然后倾听答案。答案可能是话语、画面，甚至是身体的感觉。答案也可能不会直接回应你所问的问题。我们发现在这个过程里会有一段空间，等待答案在合适的时间和地点出现。例如，你进行治愈对话可能是为了探询你易怒的根源，但是在这个过程中，却没有得到任何明确的答案。后来，在你刷牙时或者不经意间，过去的记忆就会浮出水面，产生意义。

开始

先要找个地方，舒服地坐 15~30 分钟。你的同伴朗读下面的治愈对话，而你充分放松自己去体验。完成这项活动大概需要 15 分钟。接下来你们交换角色，或者你们可以安排时间单独完成这个过程。

如果你独自进行活动，只需要问自己问题并且回答就可以了。更简单的做法是把活动说明和问题录音，然后回放给自己听，这样你就有时间来回答问题了。

下面的内容需要大声逐字地朗读出来（除非你用录音来练习），括号里的内容除外。括号里的话是为朗读治愈对话的人准备的。

舒适地坐下。闭上眼睛，或者睁着眼睛，只要你觉得最舒服就可以。

①关注你的整个自我……（停顿5~10秒钟。之后每次见到〔或听到自己说〕省略号，就要停顿5~10秒钟）让意识进入到整个身体……去看，去感觉，去倾听你的整个身体……感觉你的手指和脚趾……感觉你的手和脚……感觉你的胳膊和双腿……感觉你的肩膀和臀部……感觉你身体的前半部分……感觉你身体的后半部分……现在注意你全身的感觉……

②整体来看，你觉得温暖、凉爽，还是二者皆有？大声告诉我你的感觉。

③整体来看，你觉得疲惫、精神抖擞，还是两者都有一点？大声告诉我你的感觉。

④整体来看，你觉得放松、紧张，还是二者皆有？大声告诉我你的感觉。

⑤关注你身体的一个部位，让你的意识进入到那个部位……去看，去感觉，去倾听……注意它是有变化还是保持原样……现在注意你身体的另一个部位，让你的意识进入到那个部位……去看，去感觉，去倾听……注意它是有变化还是保持原样……

⑥现在思考你想要解决的两性关系问题。随便让一个问题进入到你的脑海。（停顿10~20秒钟）现在思考你想要解决的另一个两性关系问题。（停顿10~20秒钟）现在再思考一个或几个问题。（停顿30秒钟）

⑦现在选择一个问题进行思考……在你思考的过程中，注意你的身体有什么感觉。（停顿10~20秒钟）现在关注你身体的那种感觉……在你关注身体的感觉时，注意出现的任何想法。继续保持让意识回归身体，允许任何想法出现。（停顿30秒钟）

⑧现在向身体提问题，让你的身体回答。一直要让感觉本身来回答，不要在头脑中编造答案。问问题是个很重要的部分，不要担心答案是否会立刻出现……

•这个问题熟悉吗？让你的身体回答。

（停顿10~20秒钟）

•你的身体里哪个部位在体验这个问题？

（停顿10~20秒钟）

•你想要解决这个问题吗？让感觉本身回答。

（停顿10~20秒钟）

•你的意图是什么？……你想要得到认可吗？……你在试图控制自己或者别人吗？

（停顿20~30秒钟）

•是否感觉你的存在处于危险之中？

（停顿10~20秒钟）

•做得对比解决问题更重要吗？

（停顿 10~20 秒钟）

• 从这个场景中你要学到什么？要忠于身体的真实感受。

（停顿 10~20 秒钟）

• 你在接纳还是退缩？

（停顿 10~20 秒钟）

• 完全摆脱这一切，你需要感知什么？

（停顿 10~20 秒钟）

• 这里你要爱护什么？……现在让你自己和它在一起。

（停顿 30 秒钟）

⑨现在，把你的注意力集中到身体里跟你探索的问题有关的部位……注意那个部位……不断让你的意识回归到那个部位，直到那个部位的感觉起了某种变化……当你感觉到变化时，抬起一根手指。

（这一步骤可以重复多次。对方抬起手指后，说："把你的注意力集中到身体里跟你探索的问题有关的另一个部位……不断让你的意识回归到那个部位，直到你感觉到变化。"）

⑩你想要探索更多的问题，还是准备结束？大声告诉我你的选择。

（如果回答是"探索更多的问题"，回到第 7 项，再重复到第 10 项。如果回答是"结束"，接着做第 11 项。）

⑪如果你准备结束，问问自己："我愿意解决这个问题吗？"大声告诉我你的答案是什么。

（肯定回答和否定回答都接受。）

⑫花点时间去爱、去欣赏自己的内在。（停顿20~30秒钟）

⑬现在花一两分钟时间放松内心，然后把注意力放回到外在。

（等到注意力回到外在）有没有什么要说的或要做的去帮助你更好地体验？

（和同伴讨论这个问题，让同伴用几分钟时间在日记本上快速记下你们的发现。）

讨论

开始进行这个活动的时候，人们往往会有几个问题。一个经常出现的问题是："我觉得我可能做得不对，没感到有什么突如其来的大变化啊。"其实转变的过程既深刻又微妙。有时候转变会一点点发生，并不会出现人们期待的"啊哈！"的反应；有时候转变要经过几个过程的反复累积才能完成。所以评价治愈对话的作用要从你与自己，以及你与同伴关系转变的整体效果来判断。

另一个常见的问题是："什么是转变？我应该感觉到什么？"转变是一种身体上、经验上对事物变化的感觉。感觉可以变大、变小或是转移到身体的另一个部位，转变也可以是一个想法，或是一个画面。如果你注意到它，转变就已经发生了。

治愈对话会提高你日常生活的质量。你会发现，有了问题也会更快地得到解决，新的解决方法像施了魔法一样，一个一个地跑出来，好心情和坏心情之间巨大的摇摆，随着时间的流逝也缓和下来。经过两到三周有规律地练习治愈对话，大多数人都会体验到这一显著的变化。

6. 关注现在

a. 在笔记本的左边列个清单。完成句子：

> • 当……的时候我爱我自己。

例如：当我减掉 5 公斤的时候我爱我自己。

　　　当我找到一份好工作的时候我爱我自己。

　　　当别人都很快乐的时候我爱我自己。

把清单列得尽可能长一点，提出所有的想法。

b. 在笔记本的右边，在每一个句子旁边写下：

> • 现在我完全爱 _____。

例如：现在我完全爱我的身体。

　　　现在我完全爱我的工作。

　　　现在我完全爱同孩子在一起时的我。

讨论

　　有人问我们，说你爱那些明知道自己无法忍受的事物，这有什么用？其实，说你爱那看起来并不可爱的事物，这种做法会让这些事物的消极方面都显现出来。接着你需要爱这些消极感觉和想法。当你继续积极地爱每一个消极的方面时，转变就会发生。一位女士说："我发现我现在非常有可能看到自己的内心，因为我不必非要扭曲什么事。我并不十分理解这是如何发生的，但当我爱自己冲自己发火的样子时，我觉得内心更自在，不需要一直跟自己搏斗。"

c. 拿起你的列表，看看右边一栏，你在那里写着："现在我完全爱 _____。"大声朗读每个句子，然后停顿 10~15 秒钟。注意每一个消极的想法和感觉。

你可能读了几个句子，都没发现任何消极的反应，也可能第一个
句子就把你淹没了。

d. 在每一个带来不适或消极想法和感觉的句子下面画线，写出这些画线句子给你带来的反应，然后用每条反应完成下面的句子：

• 我爱我自己，因为 _____。

例如：现在我完全爱我的身体。

反应：讨厌！我的大腿太让人恶心了！

没有希望了，什么也改变不了。

我应该感恩，我的身体是健康的。

我脖子后面感到紧绷。

我爱我的身体，除了脚踝。

句子：我爱我自己，因为我觉得我的大腿很恶心。

我爱我自己，因为我觉得没有希望，什么事也改变不了。

我爱我自己，因为我要"担负"起自己。

我爱我自己，因为觉得脖子后面紧绷。

我爱我自己，因为我把脚踝排除在外。

人们发现，随着时间的推移，他们仍然可以继续列这样的清单。需要去爱的方面越来越多时，你可以增加自己的反应。在做这个活动的过程中，你会发现自己变得更开放，更愿意接纳了。

7.体验所有感觉

目的

使你能够更加友好地对待你的感觉；给你提供机会去接受和见证同伴的感觉。

开始

a. 双方中一人作为倾诉者，对着反馈者大声说出一句话，反馈者按照下面的方式回答：

> **倾诉者**：我愿意感觉我的悲伤。（停顿10~15秒钟，观察自己）
>
> **反馈者**：我会因为那种感觉而爱你。（停顿10~15秒钟，观察自己）

b. 倾诉者，大声朗读下面每个句子，每个句子后面停顿10~15秒钟。

- 我愿意感觉我所有的愤怒。
- 我愿意感觉我所有的恐惧。
- 我愿意感觉我所有的喜悦。

- 我愿意感觉我所有的性感受。

反馈者每次都回应：我会因为那种感觉而爱你。

c. 一方按照清单所列内容做完后交换角色。

讨论

几位咨询者和学员评论说，在所有感觉中，感受喜悦和性感觉比较难，带来的反应比感受恐惧、愤怒和悲伤带来的反应更加复杂。这个活动会告诉你，你允许自己有什么样的体验，你试图控制同伴什么样的体验。例如，一位女士意识到，同伴感觉悲伤对她来说没什么，但她自己感觉悲伤是绝对不行的。她的家教里有很大一部分，是关于监督和坚忍克己的。在家里或在教会的时候，她会安慰别人，但悲伤对她而言却是自怜，是"软弱"。通过这个活动，她学会了要允许自己体验所有的感觉，包括悲伤。

8. 爱你的身体

目的

把你带回到与身体友好的接触中。

开始

a. 发言者完成句子："我愿意充分拥有我的 _____。"说一个看起来不可爱的身体部位。你的同伴，也就是反馈者，会注意你说这话时身体的动作。例如：

> **发言者**：我愿意充分拥有我的胳膊。
>
> **反馈者**：你做了个鬼脸，好像闻到了什么不好闻的东西，而且肩膀在往后退缩。

发言者，重复这个句子，直到你可以直接、清楚、不需扭曲地说出来。然后交换角色。

b. 完成几个句子，说出不同的身体部位。

c. 确定谁先做接受者，谁做关爱者。接受者，指出你觉得不可爱的身体部位。关爱者，抚摸那个部位，让你的爱流淌进接受者的身体里。

d. 接受者，让你的呼吸和意识围绕那个部位活动，观察它的形状、组织、颜色，以及其他特质，向关爱者描述你观察到的结果，讲出你体验到的任何身体上的变化。例如，你可能注意到某个部位发热、变了颜色，或是感到刺痛。

e. 5~10分钟后，交换角色。

讨论

我们从来没有见过任何人一开始就爱自己全部的身体。我们希望流淌在你体内以及你和爱人之间的正能量拥有坚实的基础。学着去交流，以更多身体的参与去探索生活，你就能够更充分地和爱人共舞。

9. 投入地爱

目的

让你不再去想，怎么做才能解决问题。

说明

你只需要去爱这个场景和你的体验就行了。换句话说，你要练习"投入"，而不是"做点什么"。

开始

a. 你们中一人作为接受者，躺到地毯上或床上。你的同伴作为诱导者，坐到你的头部后方。

b. 接受者，选择一个你感觉被困住的问题。你也可以选择回答下面这个问题：现在你在哪方面需要爱？

c. 接受者，简要地向诱导者描述问题。诱导者，指尖轻柔地放在接受者的前额上。

d. 接受者，描述一下诱导者触摸你额头时，你身体的感觉和想法。接下来静静地待一会儿，双方都要尽可能把爱集中在你们的体验上。爱当下的这种体验，直到接受者感到想法、画面或感觉发生了变化。

e. 休息一会儿，交换角色。

　　我们发现，做这个活动之后最好不要进行分析。你们每人都做了一次之后，休息几分钟，继续你们的生活。这个活动带来的变化，会在几天之后你散步或刷碗时显现出来。

学会感知你的感觉

- 10. 感觉地图
- 11. 正视感觉
- 12. 体验感觉模式

这些交流和记录活动将会打开你所隐藏或冻结的情感之门。让感觉见到光明，会给你的内心以及亲密关系带来更多的发现和成长。

10. 感觉地图

目的

帮助你发现你是如何体验几种主要感觉的。

说明

你会发现身体感受到主要情绪时特别的感觉，这些体验会为你的"选择地图"（第13项）增加信息，帮助你说出细微的感受。

开始

这个活动有两个角色：倾听者和发言者。

a. 倾听者，放轻松，闭上眼睛。发言者，对着倾听者大声、逐字朗读下面的内容。

①想想你觉得难受的某件事。可以是你丢失了一件心爱的东西，或是生命中一段痛苦的时光。在脑海里描绘，任意地想，用你的身体感觉。（停顿15~20秒钟）现在观察你的身体如何体验这种难受的感觉。身体哪个部位感受最明显？你正在体验什么样的特别感受？你的呼吸发生了什么变化？既要注意主要的感觉，也要观察细微的感觉。（停顿1分钟）

②想想你觉得生气的某件事。想想近来让你生气的一件事，或是很久以前的一件事。也可以想在你的生活中一直让你生气的那个人。用身体去想，去感觉。（停顿15~20秒钟）你身体的哪个部位感受到生气？生气的特别感受是什么？注意你生气时呼吸的任何变化。首先吸引你注意力的是什么？这种感觉强烈吗？占据你体内很大空间吗？注意较轻微的感觉。开始注意你的身体如何感受生气。（停顿1~2分钟）

③想想你觉得害怕的某件事。想想你生活中感觉最害怕的一段时间，或者最近你觉得害怕的一段时间。用身体去想，去感觉。（停顿15~20秒钟）恐惧的中心在你体内什么部位？当你开始注意你的恐惧时，你体验到了什么感觉？观察那些强烈的和不那么强烈的感觉。一边观察你的身体反应，一边注意你的恐惧。（持续1~2分钟）

④向我描述你观察到或了解到的事情。然后花几分钟时间把这些发现写到你的日记本中。

b. 交换角色，重复上述活动。

在你进行这个活动的时候，把自己当作火星人，完全不了解人类的感觉。让自己关注细节、本质和语调，这些会帮助你描述体验。不要作任何假设。例如，如果你开始关注恐惧感觉，注意到自己紧张，那就关注这种紧张的拉力，它从哪里开始，有多强烈，与你其他的身体部位有什么联系。集中注意力去描述，不要评价或判断。记住，火星人对待生气的方式不会跟对待恐惧有什么不同。我们对身体语言了解得越多，我们的交流就越丰富。

例如，近来有一位客户说，他觉得"一直很焦虑"。当我们迫使他更详细地描述他的感觉时，他发现，他把一大堆的感觉都混入到了"焦虑"中：胃痉挛、颤抖、脖子上拉扯的感觉、嗓子发干、下巴收紧、担忧、流眼泪等等。这些感觉混在一起，使焦虑看起来无法克服。一旦把这些感觉分离开，他的体验就开始出现变化，引领他找到了隐藏在早年经历中的根源。

11. 正视感觉

目的

帮助你学会与同伴一起面对内心深处的感觉。

说明

不要急着冲过去纠正这种感觉，或是试图把你的同伴从这种感觉中拉出来，你要练习一种不作为，这样才可以产生巨大的开放感和亲密感。我们大多数人都试图阻止同伴拥有我们觉得麻烦的感觉。在这个活动中，我们希望你能看到，学会面对会带来什么样的改变。

开始

a. 首先两人坐下，确定谁先交流。交流者，回答这个问题：你身体哪个部位感觉恐惧？同伴，在交流者讲述关于恐惧的细微感受时，尽力面对这种感觉。交流者说完后，分享你尽力面对时的反应。例如：

交流者：我觉得恐惧感主要集中在腹部，但脖子后边也有。我觉得胃里边有些尖锐的长条在顶着胃壁摇摆抖动。脖子后边觉得毛骨悚然，好像有人要把我的皮肤从头顶拽出去。

同 伴：我觉得很难待在这里，我发现自己还在想着晚饭和明天的工作。我把思绪拉回来，发现在你描述你的恐惧感时，我脖子后边有些颤抖。我想，可能我让自己忙碌起来，就是为了使自己不必面对恐惧。

b.　以同样形式经历下面的感觉：

- 你体内哪个部位感觉生气？
- 你体内哪个部位感觉难受？
- 你体内哪个部位感觉到性感受？
- 你体内哪个部位感觉快乐？

c.　一方交流完所有的感觉后，交换角色。

讨论

很多夫妇发现他们的感觉有重复的地方，他们对对方的感觉比他们意识到的更敏感。通过这个活动，感觉"交易"往往会凸显出来，比如潜意识下同意一方用振奋的消息来打断另一方的难受感觉，或者在出现恐惧感时，另一方改变话题。学习正视感觉会变成一种强有力的工具，增强你在每个方面讲出细微感受的能力。

12. 体验感觉模式

目的

确认哪些感觉你允许完整地出现，哪些感觉你以某种方式进行了改造；确认交流情感的方式。

开始

a. 每个人在日记本上完成下面的句子：

- 我感觉难受的时候，我想要……

  例如：我感觉难受的时候，我想要逃跑。

b. 完成下面这些句子：

- 我感觉生气的时候，我想要……
- 我感觉害怕的时候，我想要……
- 我感觉性感的时候，我想要……
- 我感觉快乐的时候，我想要……

讨论

如果你发现你的冲动念头不止一个，那么针对每一条内容，你可能要多写几个句子。有时候，这些冲动的念头会自相矛盾，例如："我感觉快乐的时候，我想要跳上跳下，我也想要找个地方藏起来，这样就不会有人看到我。"

当我们看清我们的感觉模式时，就会有更多的选择去表达感觉。一位女士发现，她只有在与丈夫争吵感觉害怕时，才会使劲摔门走出房间。她过去一直认为，那是她生气时的反应方式。现在她看到，摔门是她从成长环境里学到的一个寻常反应，也开始明白在他们试图解决问题时，她的这种行为会让丈夫感到沮丧。

在感觉出现时，如果我们能够意识到并且体验到这些感觉，我们将会看到创造性的时刻。可能有一段时间，你发现事情过去后才会注意到你的模式。在开始阶段，这种延迟的反应是很正常的。经过不断的练习，你的意识和情感表达之间的延迟时间会越来越短。一对夫妇发现，他们一开始进行这个活动的时候，要用一个星期的时间，才能让争吵的核心感觉模式显现出来。在延迟的时间里，他们之间的互动好像不太多，而他们也无法完全准确地解释到底怎么回事。现在，他们的延迟时间已经减少到几分钟，可以一起分享大量释放的自由能量。

发挥创造力

13.选择地图

目的

给你工具，搭建内心的反应地图——怎样了解你想要什么；让你体验选择，并观察你的反应。

说明

大多数人在冲破所学得东西的边界方面缺乏经验。孩提时代，大人通常会为我们做好一系列选择，长大后我们就继续寻找能看得见的、可辨识的选择：不是这个就是那个。实际上，我们的内心更富有想象力，能够把新事物结合在一起，而这是我们习惯模式下的自我所无法办到的。设计这个活动就是为了帮助你发现选择的过程。

开始

轮流向同伴朗读指令，最后留出时间讨论。这个活动中有两个角色：做出选择者和朗读指令者。

a. 做出选择者，在椅子上舒服地坐好，闭上眼睛倾听指令。朗读指令者，逐字大声朗读下面的指令。

①首先大声说出"我想要"，间隔 15~20 秒钟重复一次。注意在停顿时间里出现了什么想法、画面和感觉。说 4~5 次"我想要"，每次之间要有停顿。

②现在大声告诉我，你在停顿时发现了什么。重复"我想要"，停顿，观察并大声说出你意识到了什么，你观察到身体的哪个部位有感觉。例如，你说"我想要"的时候，可能感觉到左眼抽动了一下，大声告诉我你的发现："我感觉左眼抽动了一下。"注意你体内的反应是否不止一个。例如，你可能注意到左眼抽动了一下，紧接着看到祖母在弹钢琴，这个画面一闪而过，接下来记起她清嗓子的样子。让自己随着你的体验大声说出这个过程。

③现在尝试用不同的声调和强烈程度来说这句话。例如，正当地、断然地说"我想要！"，或是用抱怨的嘟囔声说。再一次停顿下来，注意你内心的反应，大声说出来。你可能会发现，你在用一种评判的或批评的声音在说："这太蠢了，我没时间做这无聊的事！"或者说："你又坏又自私，总想得到一切！"这些声音出现时，记录下来即可。

④一边说"我想要"，一边伸出手去够某件想象中的东西。停顿 15~20 秒钟，注意你的想法、画面、感觉和情绪有什么变化。大声说出你的体验。

⑤想出一样你自己很喜欢很想要的东西，想象它就在你面前。一边说"我想要"，一边伸手去够。停顿几秒钟，注意

会发生什么。现在想出一样你知道自己确实不喜欢的东西，想象它就在你面前。一边说"我想要"，一边伸手去够。停顿下来，注意你的内心体验。告诉我你所发现的这两次体验之间的不同。

⑥现在问自己："我现在想要喝杯水吗？"密切观察你的内心体验。如果你认为你确实想喝水，去拿一杯水，注意你在愿望满足时的反应。如果你不想喝水，注意你是怎样知道你不想要的。

⑦现在集中想你们的两性关系。闭上眼睛，问自己："在两性关系中我想要什么？"停顿20~30秒钟，注意你能想到什么。大声重复两到三遍这个问题。有时候你不会得到答案，而仅仅是身体出现了某种感觉或是感觉发生了变化，比如你肩膀上有绷紧的感觉。答案可能会在以后出现。

b. 讨论所发生的事，然后交换角色。

14. 充分表达自己

目的

让你体验参与或退出时所有的反应。

说明

在某种程度上，不断变化的关键点非常简单。每一刻你都可以选择，参与你的体验还是停止你的体验。我们已经举了很多退出的例子，以及人们停止体验的其他方式。记下你的问题、发现和想法，以备进一步的探究。

开始

a. 面对面站立。确定谁先做交流者谁做接受者。交流者，找到身体上的某种感觉，比如刺痛、压力、发痒等等，然后否认有这种感觉，告诉自己你没有那种感觉。尽可能密切地观察你的反应。现在，找到那种感觉，或者再找一种感觉，尽可能明确地交流你的感觉。让你的整个身体充分交流。观察抑制感觉和充分表达感觉之间有什么不同。交换角色重复一遍。

b. 交流者，找到正在你体内循环的某种情绪，体验一会儿，然后停止这种感觉。注意你是怎样停止这种感觉的（呼吸和身体感觉紧张的部位是开始观察的好地方）。现在重新找到这种情绪，用你的整个身体去说出关于这种情绪的细微感受。注意在隐藏和展现之间，你的活力感有何不同。交换角色重复一遍。

c. 交流者，注意想要活动的冲动，开始活动，然后停止。这种活动可以是一个手势、歪头，或是全身活动。活动的幅度不重要。研究你停止活动的方式，那是你停止自发行为的一种方式。现在注意某种冲动，做出来，活动幅度甚至要比平常还要大。跟同伴分享你看到的不同之处。交换角色重复一遍。

d. 交流者，开始口头分享你的某件事，然后说："别在意。"注意这句话对你的活力和自我存在的影响。然后尽可能充分地、全面地分享你的某件事，这件事可能是你从未与别人分享过的。注意观察你会感到多么有活力。

e. 交换角色重复一遍。

讨论

某些体验的内容并不如完全参与体验的意愿重要。与你的同伴讨论你的体验，问一问你在克制或参与时他／她看到了哪些不同。

如果发现你们像大多数夫妇那样陷入了是与非的争吵，这种活动就会特别有帮助。将注意力集中于真相——你自己的感觉，你会看到是与非表面下隐藏的东西。

例如，一对夫妇执迷于争论谁对谁错，就会像下面这样吵个没完：

克莱尔：我一个钟头前就叫你去遛狗，现在倒好，狗还在家里，还把屎尿都弄到地毯上了。

　　唐：我没听到。我正忙着结算支票簿，上个月你透支了。

　　克莱尔：我要你做的唯一的家事就是遛狗，结果到最后，要么是我遛狗，要么是我打扫狗弄脏的地方。

　　唐：我从来就没想要这该死的狗！

　　如果克莱尔和唐愿意说出细微的内心感受，谈话可能会从不同的方向展开：

　　克莱尔：唐，我刚才发现狗把地毯弄脏了。你忘了遛狗吗？

　　唐：哦，天啊，我确实忘了！你看，我在结算支票簿，因为你上个月透支了，我开始有些讨厌你。当时我并没有跟你说，看起来我的怒气转移到"忘记遛狗"上来了。

　　克莱尔：我现在意识到，之前叫你去遛狗的时候，我很紧张很不安。我怕你会因为支票簿生气，我觉得我在用狗分散你的注意力。我真想知道，我为什么对钱这么没有责任感。

15. 放弃投射

说明

恋人想要最终携手白头，最有效的办法恐怕就是放弃投射了。这里我们来探索一下整个身体的投射模式，继而做出新的选择，帮助你放弃投射。

开始

在这个活动中，一个人扮演塑造者，另一个人扮演泥人儿。塑造者要把同伴的身体摆成不同的样子，就像他 / 她是黏土一样。塑造者，注意你对创造出来的形象的反应，这个形象就是你对同伴的一种假想。泥人儿，配合塑造者的意图。

a. 塑造者，根据你所看到的同伴的样子来塑造同伴的身体。塑造者满意时，请泥人儿谈谈对这个形状的感觉。不要在形象的准确性上纠缠不休，着眼于你的感觉。特别要注意你觉得自己是一个人物还是一个影像。例如：

对于这个形状，我觉得有点恐怖，就像是一只长了细长腿的鸟。我觉得非常虚弱，好像我一走路就会摇晃一样。

泥人儿分享感觉之后，交换角色重复一遍。

b. 塑造者，根据你理想中的样子来塑造同伴的身体，塑造到你满意为止。然后倾听泥人儿的感觉和想法。交换角色重复一遍。

c. 这一次把同伴的身体当成自己的，轮流把同伴的身体塑造成以下不同的样子：

- 你父亲或母亲想要你成为的样子。
- 成功男士 / 女士的样子。
- 你认为同伴眼里你的样子。

每次塑造完之后，花些时间听听泥人儿的感觉。

讨论

在你的日记本里写下你的发现。例如，一位妻子把丈夫塑造成暴君式的、膀大腰圆的样子，丈夫说："我觉得比我的自我感觉更老更呆板，腰弯得更厉害，好像我背负着沉重的负担。"妻子突然意识到，她塑造出来的是她父亲的形象。他们很激动，开始探索他们没有了解清楚对方的其他方面。在这个活动里，人们曾塑造了各种各样的形象，包括章鱼、老鼠、体育迷、傻笑的公主、狼、怒吼的巨人、智障者和侦探，足足可以摆满一个画廊了。

在日记本上记录下来之后，告诉你的同伴："我愿意看到、感受到你本来的样子，我愿意完全以我本来的样子和你在一起。"一个朋友近来发现，她一直把自己当成家里的那个"好人"，总是她照料别人，一心为家人付出。每次要说出自己的需要和需求时，她发现她害怕失去那个好形象，害怕人们觉得她变成了一个更独断，甚至可能更粗鲁的女人。"他们可能不喜欢那样。"她说。是的，当我们放弃假想和投射时，肯定会有些涟漪或风浪要跨越，但放弃后我们会更有生命力，有更多的自发行为，更加精神饱满，与自己以及同伴的感情也会越来越深。

16. 核心观点

说明

设计记日记的活动是为了增进你的意识，使你明了自己在内心深处，如何看待两性关系中的自己。这些潜在的假设决定了我们的反应和交往行为。

开始

a. 选择经常出现的一个情感问题，写在日记本上。在这个情感问题下面，列出以下三个问题，每一个问题后面留一块空白处。

- 我对这种情形的看法是什么？
- 我的这种看法最初是从哪里得来的？
- 我愿意在这个问题上学到新东西吗？

b. 花些时间让你的身心融入这个问题，写下你能想到的所有观点。下面是核心观点的几个例子：

- 不管我做什么，都不会有任何不同。
- 设想最坏的情况。
- 我必须控制好每件事，否则就会发生可怕的事。
- 我很无助。

- 我很愚蠢，我从来没有做对什么事。
- 男人不是好东西，他们只想要一样东西。
- 女人就是来给你下圈套的。

c. 仔细回顾你过去的生活，记录下你形成这些想法的时间点：父母间的小插曲、学校里或与朋友在一起的时光、电视上的场景等等。

d. 最后问自己，你是否愿意学习新事物。拿走每一个负面的核心观点，用一个正面的句子代替。例如，把"男人不是好东西"换成"男人很不错"。

讨论

这个活动在揭示投射的根源方面特别有用。例如，一个男人最近发现，他以为如果他与妻子亲近，妻子就会离开他。他经常会在与妻子亲近的过程中开始变得猜疑悲伤。通过这个活动，他发现这种想法的根源，是在母亲两次流产入院期间，一次是他还在吃奶时，另一次是在他假期回家后，那次他和母亲相处的时间很长。在他心里，他把亲密和失去混在了一起，以这种方式看待世界。了解了想法的根源，并且愿意学习新事物，这使他能够更长时间地处于亲密情感中，说出自己真实的感觉，而不必害怕被抛弃。

17. 怎样才能不妥协就达到目标

很多人都觉得，要想维持一段感情，总是不能够随心所欲。最近一次课堂上，盖伊的学生提了一个问题："如果丈夫的哥哥和嫂嫂来到他们生活的城市过圣诞节，而妻子根本不想和丈夫的亲戚相处，不愿在他们身上花费精力。这时候该怎么办呢？"盖伊回答说："那就照实说呗！"整个课堂一下子沸腾了："什么！怎么可能啊！当时是圣诞节，他们可是一家人啊！"看，很多时候我们都觉得，必须接受事实，作出妥协。

最近有个朋友乔讲了一个更复杂的例子。有一天，他和太太正在享受安静的夜晚，两人亲密无间，气氛很好。这时太太黛比问："听点什么音乐吧！"乔想了想，说："我想听朱利安·布里姆。"黛比说："我们现在有一套新的赫比·汉考克，你不想听听吗？"乔有点不解，但还是同意了。黛比开始播放音乐后，乔慢慢地觉得很沮丧，很愤怒，于是说出了内心的感受："我觉得这种感受似曾相识，每次我说想要什么，最后都没有得到。"黛比也进行了内心的反省，意识到好像从少女时代开始，她就学会了避免直接提出自己的想法，因为她的哥哥那时候总是说她的想法很古怪。就这样，她慢慢意识到，凡事最好先问问别人的看法，要稍微压抑一下自己内心真正的想法。逐渐的，她变得特别善于采用一些小手段来达到目标。就拿这次听音乐为例吧，她想听赫比·汉考克，但又不想明说，因为她害怕被拒绝，因此她更希望通过丈夫把自己的想法实现。怪不得这让丈夫感到非常纠结。

通过这个活动，我们要好好思考一下，是不是每个人都有可能达成心愿。首先我们来讨论每一种态度，然后看看大家各自是怎么想的。

例如：

- 只有相互妥协才能构建美好的婚姻。
- 如果每个人都按照自己的想法去做，那什么事情也做不了。
- 这个没有什么讨论的空间。
- 一想到这个我就头疼。

把这些态度一个个记录下来，然后写清楚每个人不同的反应，以便以后进行参考。

a. 两个人面对面站好。这个活动有两个角色：倾诉者和聆听者。先决定谁来做倾诉者。倾诉者要大声说："我就想得到我想要的。"停顿 10 秒，然后再说一遍。聆听者只听不语。重复四五遍之后，两者转换角色，重新进行整个活动。

b. 倾诉者每十秒重复一遍："我希望你能得到你想要的。"在停顿的时候，倾诉者和聆听者都要好好体会一下内心的感受。重复四五遍后，两者继续转换角色，重新进行整个活动。

我建议，最好从小事开始学会尊重自己的意愿，比如去哪里吃晚饭，看什么电视节目，或者睡在床的哪一边。不断练习，让自己习惯说出内心的感受，直到能自如地倾诉自己身体的感觉、情感心路和内心感受。如果相处的双方都能敞开心扉，分享对方的心意和愿望，两人的关系自然就会有转机。

讨论

再看一个例子，看看当我们面对一个情感上至关重要的决定时，怎样才能让自己如愿。

有一个叫艾米丽的朋友在感恩节前几天来访，她泪水涟涟，看起来很恼火。一般在节日，我们会追忆家庭往事。但对于艾米丽来说，那并不是令人开心的事，因为她最喜欢的外婆就是十年前在感恩节前去世的。从那时开始，艾米丽越来越不愿意过感恩节，觉得和亲戚们吃火鸡、修剪树枝很没有意思。她说："感恩节都是骗人的，我恨这虚伪的节日！"每次过圣诞节，她都会不由自主地想起外婆从烤箱里拿出樱桃派的画面。每年的那一天，家里所有人都会到外婆家聚餐，食物的香气混合着家人的欢声笑语，浓浓的感恩节气氛，还有外婆娓娓道来的故事，对艾米丽来说，这才是感恩节啊！

我们知道，她还没有从外婆去世的悲痛中走出来，于是问她："你想怎么办呢？"那一刻，艾米丽还沉浸在伤心的往事中，不过她答应要好好想一想该怎么做。

感恩节前一天早上三点钟的时候，艾米丽就醒了，怎么也睡不着。她起来做了一些我们教给她的放松活动，做着做着，她突然很有一种想动起来、想改变的冲动，不想再整天坐在那儿，没完没了地就知道吃。她把这个想法告诉了丈夫："咱们把火鸡放进烤箱，设定好烘烤时间，然后把孩子们叫起来，去滑雪吧。"睡眼惺忪的丈夫同意了。天还没亮就要去探险，孩子们自然兴奋极了。准备好行头，一家人就向着附近的滑雪场出发了。在雪道上尽情地玩了一天后，他们回到家享受了香喷喷的火鸡。这个感恩节每个人都过得很开心，他们决定以后每年都要这样。

18. 调整生活节奏

目的

让你看清楚自己的节奏是怎样的，以此找到让彼此都满意的解决方法。

说明

我们每一个人生来就习惯于自己的生活节奏，长大之后，从小就习惯的生活节奏也没什么大的改变。如果你的伴侣生活节奏与你大有不同，这时候你就会发现，大部分时候你们争吵的重点无非是，谁太快了或者谁太慢了。做这个活动的时候，最好能在户外空间比较大的地方进行。

开始

a. 先讨论一下，看看谁做主导者，谁做跟随者。跟随者要在整个活动里都跟着主导者走，配合他的节奏。主导者边走边想目前正在纠结的问题，留意一下在你思考的时候，什么样的行走速度最合适，并按照这样的行走速度走上几分钟。

b. 跟随者要注意自己的反应，想想看你觉得主导者的速度是太快、太慢，还是刚好合你的意。

c. 主导者需要不时地加快一下行走的步伐，并注意速度加快对于问题的思考会不会造成一定的影响，你还能不能继续集中精力进行思考。跟随者要跟着主导者行走速度的改变而改变。

d. 主导者要刻意减缓行走的速度，以较为缓慢的速度走个几分钟，然后再看看这对你思考问题有什么影响。

e. 主导者回到自己习惯的行走速度，然后感受一下这样是不是更适合思考问题。

f. 主导者和跟随者互换角色，重新进行整个流程。

有了结论后，要将其应用于日常生活中。想想看，怎样做才能让你们彼此最有效地面对问题作出决定？在日记本中记录下你的感受。

讨论

这个活动是非常有效的。有男士发现，边听非洲音乐边思考问题能让他豁然开朗，思路顿开。而有女士发现，自己确实需要放慢步伐，而且采用治愈对话法确实有效。

当然，你与生俱来的生活节奏可能会和对方的节奏不一致。一般来说，我们会觉得要么是自己有问题，要么就是其他人有问题，又或者我们会觉得对方不爱自己。其实这两种想法都毫无道理。如果你能了解自己的需要，就完全可以改变时间安排，让你的伴侣有更大的空间来适应这种步伐。比如，一对夫妻中一个拖拖拉拉，另一个急急火火，那么拖拖拉拉的那个就可以自己先进行不断的思量，等最终有了想法后，再告诉他那急躁的妻子。这样，妻子可以马上就了解丈夫的想法，并立刻作出反应。如此，两人就能够互相配合来作出决定了。

学会说出内心最细微的感受

目的

让双方都清楚地看到自己的相处节奏。

说明

这些活动能让你说出自己内心最细微的感受，从而让你和伴侣简单、清楚地了解，对方什么时候需要亲昵，什么时候需要独处。活动由四个部分组成，分别强调四大原则。大家最好习惯了一个原则和做法之后，再开始下一个部分。过个几周的时间还可以反复再做做这个活动。

这些活动所需要的空间比较大，要保证迈十来步不会撞到墙或者家具。

19. 第一部分

开始

这个活动有两个角色，一个是活动者，一个是观察者。首先要决定谁先做活动者，另一方做观察者。

a. 观察者，先找个地方站好。活动者，站在 1 米外的地方面对着观察者。一步步后退，直到能感受到身体上的某种异样，比如感觉到右肩剧痛或者心怦怦乱跳。尽量仔细地向观察者描述你所感受到的这种异样。观察者，只是聆听，并体会自己的感受，之后再用语言描述。

b. 活动者，描述完自己身体的感受后，一步步向同伴靠近。当再次感到身体异样的时候，大声把这种感受描述给观察者听。这种感受可能是具体的想法，比如："我看起来一定傻透了！"也可能是突然浮现的场景，比如很奇怪地想象出一幅图画，里面的船居然有翅膀。这种感受还可能会是某种情绪，比如觉得伤心、害怕、高兴或者愤怒。尽力把你的感受如实告诉对方，不要作任何判断或者解释。

c. 从你的同伴身边走开，然后再走近，如此重复十到十五次。每次移动时，一旦感觉自己的身体有所变化，就立刻停下来，并且向观察者描述这种变化。

d. 交换角色重复整个活动。

> 讨论

　　好好地讨论一下你内心的收获，说清楚到底是从同伴身边走开让你感觉更舒服，还是走近同伴让你感到更开心。问问自己，这种感受在你的生活里是不是很常见。通常来说，我们进行这个活动的大部分对象都是夫妻，他们最常见的反应就是："还真是这样！"是不是通过这个活动，你也发现了自己和别人相处的模式？

　　清楚地告诉你的同伴你内心的感受，不要进行任何解释和说明。

比如有一个参与者说："现在我明白了，每次萨莉一走近我，我就非常紧张，不敢直视她。我感到很害怕，但是这种感受似曾相识，我害怕的应该并不是萨莉。小的时候经常有人对我大喊大叫，我害怕的是萨莉走近我的时候也会对我大喊大叫。"

要想搞清楚自己的感受，需要一定的时间。比如，有一个参与者在同伴从身边走开几步后意识到："当你从我身边走开的时候，我感到很伤心！"她的同伴倍感惊讶，因为自己压根就站在那里一动没动！

有的时候你可能会觉得尴尬，找不到恰当的语言来描述内心的感受。这个时候不要停止，继续进行这个活动，如果你喜欢的话可以用肢体语言来表达内心。别着急，让自己慢慢习惯这个游戏。

20. 第二部分

开始

在这个活动里也有一个活动者，一个观察者。

a. 活动者，先从观察者身边后退走开。感觉异样的时候停下来，描述你的感受。观察者，说一说当活动者停下来时自己的内心感受，比如紧张、痛苦、发愁、开心等等。

b. 活动者，再一步步走近观察者，然后再走开，重复十次。

c. 两人交换角色，然后重新进行整个活动。留出足够的时间彼此分享感受。

21. 第三部分

开始

a. 这次两个人要同时开始移动，先彼此靠近，然后彼此走远。开始先慢慢移动，当你感觉身体异样的时候，大声描述出内心的感受。不需要轮流说，完全可以同时说。

b. 慢慢改变行走的速度，可以走得快一点，或者速度不停地改变。

c. 改变行走的方向，可以背朝着对方后退，可以围着对方绕圈子，可以蹲着走，可以偷偷靠拢，也可以突然快速跑。这一点没有任何限制，大家可以试试各种可能的方法。

22. 第四部分

说明

每周我们总会数十次地从对方身边走过，每一次我们都会给出一些信号，表明我们喜欢彼此亲昵还是希望保持距离。这个活动能让这些信号凸显出来，从而让彼此更好地了解对方的感受。

开始

选择一个两人都合适的日子，反复进入或离开同一个房间，练习说出进入或离开时内心的感受。尽可能细腻地描述你身体的感觉，可以稍作解释，或者辩护。每一次都要着重于体验身体的经历。

信守承诺

23. 信守承诺

说明

信守承诺的关键就在于忠于自己的感受，这听起来没什么复杂的。如果不能信守承诺，那就没法建立良好的两性关系。这里所说的承诺，既指对自己的承诺，也指对其他人的承诺，二者都是建立良好关系的重要基础。

开始

a. 找个日记本，分别记录下最近你没能遵守或者未能完成的承诺。想一想上个月发生的事情，不管事情有多么琐碎，都要记录下你没能遵守的承诺。在每件事情旁边都写下你未能遵守承诺的内心感受。

例如：

- 我拒付了一张支票，但是没敢告诉你，因为怕你生气。
- 我给家人买的甜点，我自己都吃了。我觉得很沮丧我自己都没注意到我居然吃了一整盒。

　　•我和我的前女友聊天了，而且我还告诉她会对你保密。但其实我们之前就已经说好，一旦我和前女友联系就会告诉你的。我还是不敢告诉你，因为你好像还是很介意。

交换彼此记录下来的事件。

b. 在日记本中找一张空白页，划出三列，列出三个标题：事件、时间、讨论时间。
　　先列出你愿意和同伴约定的事件、这些事件要进行的时间，以及这些事件要讨论的时间。
　　例如：

事　件	时　间	讨论时间
一起散步半小时	每　天	周日晚上

如果有必要，可以用日历或者日程安排表来记录每次约定是否履行，也有人用冰箱贴或者小黑板来记录。注意，讨论的时候要把重点放在交流内心的感受和体验上。如果未能遵守约定，不要道歉，要找到原因，搞清楚需要改变什么。标清楚所有遵守的约定，而且每次讨论的时候，都要列出下次要遵守的约定。

讨论

　　在反复作出承诺并履行承诺后，你会发现生活变得更加顺心了。有的时候，你想和自己或者和别人作出承诺，这可能需要你的同伴支持。凯瑟琳举了一个例子，是她在生活中的真实经历：

> 我想减肥，正是盖伊的支持让我有了巨大的自我转变。几年来我一直和他约定要健康饮食，但是我常偷偷躲在车里，或者趁他不在的时候大吃一顿。这看起来好像也算遵守了约定，因为我从来不当着他的面吃。为了这个秘密，就算已经胖得不成样子，我还是常常自欺欺人，而且在盖伊面前也不敢表现出精力充沛的样子，怕他看出来我刚刚偷吃了一顿。有一天盖伊说："你太胖了，希望你好好搞清楚为什么越来越胖。"一开始我还想辩解，后来我就利用这个机会好好发泄了一番。我开始细细描述肥胖给我带来的一切：形象、不堪的过去、尴尬、梦想，所有一切和肥胖息息相关的事情。这样的倾诉让我真正有力量下定决心，和自己约定好好改造形象。下定决心之后的几个月里，我发现生活中其他方面的问题好像也迎刃而解了，生活变得轻松多了。工作有了进展，家里的资金状况没那么紧张了，连我和儿子之间的关系也改善了很多。

要详细记录下遵守承诺给你带来的种种好处。你会发现，尊重并遵守承诺会让你的生活充满意外之喜。

24. 你在扮演什么角色？

说明

这个活动加上下一个待完成事件清单活动，能帮忙解决很多未完成的事件。如果你能为过去的体验画个句号，完成那些过去未能完成的事件或者未能履行的承诺，就会发现突然有了充足的精力来面对当下。当进行这些活动的时候，留意一下你的体验，感受这样做给你带来的快乐。

这个活动可以让你意识到一直以来自己无意识中所扮演的角色。这样，你就能够摒弃那些现在已经没用的角色，将依旧行之有效的角色应用于当前的生活，并决定你还想扮演的角色。

开始

a. 轮流向对方大声朗读下面的活动说明：

① 舒服地找地方坐下，如果愿意的话可以闭上眼睛。

② 休息 30~60 秒。

③ 认真倾听下面的问题，停顿 10~15 秒，让自己的大脑和身体有时间作出反应。这种信息的流动可能会形式多样。比如听到问题后，回答时情绪的波动会体现在身体的反应上，比如感到刺痛，又或者感觉耳边嗡嗡响。

- 我在我的生活中扮演着什么角色？（停顿 10~15 秒）
- 我所扮演的角色是自由选择的吗？（停顿 10~15 秒）

> • 我的表现（正面或者负面）有多少是由我所扮演的角色决定的？（停顿10~15秒）

b. 休息一会儿，重新集中精力。等两人都听完问题了，花点时间好好分享一下你们的感受。

讨论

我们每个人所扮演的角色不同，与其他人相处的关系也会不同。在这个活动中，要特别注意那些你从未质疑过的角色，因为这些角色有的时候太过想当然了，并不是你通过考虑后决定选择的角色。这个活动能帮助我们自主决定要扮演怎样的角色。

有个咨询者最近发现出于各种复杂原因，她在家庭里扮演的角色一直是愚蠢的。20年来，她一直愚蠢地生活着，搞砸了两次婚姻，也错过了生意上成功的机会，这才开始怀疑自己的能力。现在她很愿意进行这个活动，来搞清楚自己的本性到底如何。她发现原来她一直受母亲的影响，母亲就是一直没有办法与人交流内心感受。当她认识到问题的根源后，说："有生以来我第一次发现自己充满了活力。我知道自己完全可以重返校园，享受学习的过程。现在，我真正找到了自我。我甚至觉得，我没有必要再傻下去了，完全可以保持自己的活力，再开始一段崭新的关系。"

25. 待完成事件清单

方便人们完成尚未完成的事件。

说明

这种选择、表达并完成未完成事件的活动，能让我们从过去解脱出来，有更多的力量和伴侣经营一段牢固的感情。在日记本中空出一部分来记录这一活动。

开始

a. 找一张空白页，在空白页的上端双方各自划分三列，标题分别为：未完成事件、内心感受及行动日期。

在未完成事件这一栏，记录下未完成的事件。在内心感受这一栏，写下你之前不愿承认的感受，并进行讨论。在行动日期这一栏，给出大体的时间框架，并列出为了完成这些事件要采取的具体措施。

b. 商定谁做探索者，谁做指引者。探索者，舒服地坐好，把日记本和笔敞开放在膝盖上。指引者，大声读出下面的指令：

闭上眼睛，随心所欲移动身体，找到最舒服的姿势；入座之后缓慢地深呼吸数次，腹部放松。（停顿15~20秒）现在我要问你一些问题，听到每个问题后，让自己充分地体验并感受自己的反应，好好留意自己对每个问题的感受。

- 我忽略了自己的什么感受？（停顿15~20秒）
- 有什么关系我没能妥善处理？（停顿15~20秒）
- 有什么约定我没能遵守，也没能好好处理？（停顿15~20秒）
- 有什么事我说了要做却没有做？（停顿15~20秒）
- 有什么事我答应了要做但没有做？（停顿15~20秒）
- 有什么话我没有倾诉？（停顿15~20秒）
- 有什么事我半途而废了？（停顿15~20秒）
- 我有没有欠谁钱？（停顿15~20秒）
- 有没有人我需要原谅？（停顿15~20秒）
- 有没有人我还没有表达我的谢意？（停顿15~20秒）

c. 稍作休息，然后睁开双眼，在日记本上记下所有你尚未完成的事件。

d. 双方交换角色，重新开始整个活动。

讨论

有的时候你可能当时并没有想到，后来才又想起一些尚未完成的事件。这个活动能让所有有始无终的事件浮出水面。要记住，如果你不刻意去注意，那么你就会一直忽略这些事件。你可以时不时地列个清单，这样才会有清晰的路线引导你完成悬而未决的事件，你也不会老是心里挂念这些事。一定要列出完成这些事件的具体日期，这也能让你充满动力，不会半途而废。

要记住，所谓尚未完成的事件指的并不仅仅是具体的事件，也可以是内心的感受，或者一段关系中存在的问题。举个例子来说吧，如果你身处产房生育第一个孩子时，你的丈夫不在身边，那么事后你就需要重演整个场景，充分感受自己内心的愤怒，然后再把他叫来，告诉他你内心真正的感受。这可不是一个故事，我们有个咨询者就真的发生了这样的事。只有将愤怒倾泻出来，才有可能真正原谅对方。

这个活动会让你意识到，原来有这么多事你还没有完成。这些事可不一定都是坏事，比如有人让你受益匪浅，又或者给你做了很好的榜样，这时候都要说出你还没来得及表达的谢意。

一旦悬而未决的事件终于得到了解决，就把这个事件划掉。要确保这个清单行之有效，不断鞭策我们。渐渐的，你会从中得到无限的快乐。

让生活充满积极的能量

现在你已经慢慢习惯了，向彼此倾诉内心感受，直截了当地说出自己的需要，不断体验并表达自己真正的情绪变化。这样，你会渐渐发现，所有的问题只有一个中心，那就是**到底我能拥有多少积极的能量**。这些活动的目的，就是让你更加有能力体验并拥有生活中的快乐和幸福。

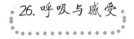

26. 呼吸与感受

目的

帮助你更好地了解并处理自己的情感，从而与别人建立亲密无间的关系。

说明

呼吸与感受是紧密相连的。孩提时，你会不会受到惊吓或者伤害就屏住呼吸？其实长大之后我们还是一样的，当我们有不快的情绪时，屏住呼吸是最有效最常见的方式。问题是，这样做常常让我们失去了积极的能量。很多人觉得情感就是两个水龙头，一个代表正面情感，一个代表负面情感。他们觉得我们应该总是开着正面情感这个水龙头，然后把负面情感那个水龙头牢牢关紧。但是实际上，水龙头就只有一个，上面标着情感，你把这个水龙头打开，用不了多久，情感就变成正面的了。这就像你去一个好久没去的乡间木屋，打开那里的水龙头，流出的水常常发黄。但是只要把水龙头开上几分钟，流出的山泉水就变得清澈甘甜了。我们的情感也是一样。如果水龙头总是关着，那么乍一打开肯定会有残渣流出来。

开始

a. 将以下内容大声读给你的同伴听。

①想想过去的一个情景，这个情景每次再现都让你感觉无限伤感。好好体会这种伤感的感觉，并留意身体的反应。（停顿10~15秒）现在缓慢呼吸，用平稳的呼吸来面对这种情绪，包围这种伤感。每一次呼吸都要慢慢将伤感的情绪渗透。当你这样呼吸的时候，留意一下这种伤感的情绪有没有什么变化。继续深呼吸两分钟。

②想出过去一个让你无比愤怒的情景。现在重新体会一下这种愤怒的情绪。好好体会这种愤怒的感觉，并留意身体的反应。（停顿10~15秒）现在缓慢呼吸，用平稳的呼吸来面对这种情绪，包围这种出离愤怒的感受。每一次呼吸都要慢慢将愤怒的情绪渗透。当你这样呼吸的时候，留意一下这种愤怒的情绪有没有什么变化。继续深呼吸两分钟。

③想出过去一个让你恐惧的情景。现在重新体会一下这种恐惧感。好好体会这种恐惧感，并留意身体的反应。（停顿

10~15秒）现在缓慢呼吸，用平稳的呼吸来面对这种情绪，包围这种恐惧的感受。当你这样呼吸的时候，留意一下这种恐惧感有没有什么变化。继续深呼吸两分钟。

b. 稍作休息，然后记录下你的感受。

c. 一方完成后，交换角色重新进行。

下面这个例子展示了一个朋友记录下来的关于恐惧感的体会：

> 到现在我还清楚记得面对飞机起飞时的恐惧感。这种恐惧感在身体上的体现就是，我会感到头晕，手汗津津的，所有身体的肌肉就像感受到飞机的抖动一样。这时我的呼吸变得紧促，嗓子干燥，感觉有点恶心。当我用缓慢的呼吸来应对这种情绪的时候，恐惧感一开始变得更加强烈，但后来就慢慢开始消退了。在我看来，这就像是云开雾散一样。

讨论

其实，两人相处中的一些下意识行为之所以会出现，主要是因为我们常常压抑某种情绪。比如，一个朋友苏珊最近向我们讲述了她和一些男性上司、教师和医生的权力之争。当我们探讨这些问题的共性时，苏珊意识到她之所以愤怒，常常是因为这些男士不认可她的能力。我们问她是不是根本没和这些男士生气，而是另有隐情。她坦白说，让她如此愤怒的不是其他人，而是她的父亲。我们问她是否尝试过直接和父亲谈论了这个问题，她却一下子脸色苍白，别说谈论了，光是想到这个念头就会让她胆战心惊。在苏珊成长的过程中，家里的每一个成员，尤其是父亲，天天都是怒气冲冲的，砸家具、吸毒品、恶语咒骂，这些都是家常便饭。长此以往，苏珊表面看起来唯唯诺诺，内心却充满愤怒，并常常对其他年长的男士发泄怒气。现在，她学会了把控自己的怒火，还会和父亲面对面处理问题，这样生活就不会如此艰难了。

27. 爱意重现

a. 每个人都想想自己的伴侣哪一方面最美好，写下最突出的三点。

比如：你非常善良。

你的声音非常优美，令人振奋。

你对他人和我都充满了爱。

轮流大声告诉伴侣你写下的每一个优点。说话的人要努力用肢体来体现你的看法，而聆听者也要努力让肢体接纳这些美好的情绪。深呼吸，充分体验这一刻。

b. 每个人想想自己的伴侣每天做了什么事情，让自己的生活更加甜蜜，写下最突出的三点。

比如：你肯花时间选择我最喜欢的食物。

每天起床的时候，你心情都特别好。

你总是乐意聆听我的想法。

轮流向对方大声读出你的看法。

讨论

留意生活中你有什么样的习惯和模式，让你没有充分吸收积极的能量。当发现这样的习惯时，暂停一下，学会热爱并适应这样的习惯；然后深呼吸，让自己放弃这个习惯。可能你需要不时地小憩一下，让自己慢慢习惯接受积极能量的过程。

28. 有意识地保持距离

帮助你和伴侣解决能量上限问题。(能量上限问题见本书第五章)

说明

我们发现，最需要保持距离的时候，刚好是一切进展良好的时候。你也可以在一发现状态要变糟的时候，就开始刻意和对方保持距离。

开始

a. 你们两人商定好一个时间，在此期间彼此分离，我们建议这个时间长度至少是两到三个小时。目的不是要去做什么有创造性的事情，而仅仅是为了暂时保持距离。

b. 自己随便找个地方待着做点什么，不要做那些非做不可的事情。换句话说，别用这些独处的时间来洗碗或者购物。可以一个人散散步，看看书，或者看看电影。也可以不作任何打算，看看会有什么小惊喜。

c. 独处之后和你的伴侣重聚在一起，讨论一下这种经历给你带来的感触。告诉对方你发现自己在想什么，有什么冲动和渴望。(比如想暴饮暴食，或者说很想和对方待在一起。)

对于这个活动，有多少参与者就有多少种不同的反应。我们经常听到大家说："真没想到独处会让我有这么大的感触！"我们遇到的有些伴侣，他们从来都没有分开过。有些人对于这个活动的最初反应，恰好体现了生活中让他们压抑的事情。有位女士开始担心她那已经上大学的女儿，甚至想办法找了付费电话来和女儿取得联系，结果却发现，女儿正在享受一场足球比赛。另外一位女士在公园里单独待了半个小时就感到难受了，她坐在树下，脑海里一幕幕全都是治愈对话中学过的问题。她惊讶地发现自己居然害怕这种独处、无所事事的状态。但是又待了半个小时后，她开始习惯了这些问题，渐渐放松下来，开始享受独处的时光。还有一位男士，在这段独处的时间里开始列一个长长的清单，写出了所有必须尽快要做的事情。有位男士不停地想自己的妻子在做什么，他几乎冲动到要冲进邻居家里，看看妻子是不是在那里招待朋友。这时他才意识到，事情脱离常规之后，他变得控制不住自己的情绪了。

也不是所有人都觉得，保持距离就像打开潘多拉的宝盒一样神秘，很多人觉得独处就像是小小的度假一样，等他们度假回来后，很多事情都会大不一样了。有位男士说："我第一次留意到了松树的样子，留意到了它的每一点生长。这棵松树散发出阵阵清香，让我想起小时候躺在草地上仰望星空的感觉。等一切回归原状的时候，我自然而然地就开始以全新的角度，来看待我的妻子多萝西了。我看到了她的美丽，看到了她的伟大。"一位女士这样说："现在我终于明白为什么每天我都是怒火中烧了。我的压力太大了，神经天天高度紧张。你看，只要我肯花时间泡个澡，好好独处一下，这种怒气就烟消云散了。"

所以我们建议，两人相处的时候常常这样放个小假。好好谈论一下这个活动给你带来的领悟和体验，要知道，每个人的神经系统都需要常常休息一下，才能迎接生活中的各种问题和挑战。

29. 无处不在的爱

目的

让我们学会如何体验无处不在的爱。

说明

我们要用具体的行动体验爱。在下面这个活动中，你要好好感受一下处处向伴侣展现爱所带来的体验。两个人长时间在一起，可能真的会因为潦草的交流而陷入困境。比如，当丈夫匆匆出门的时候，妻子在他面颊上轻轻一吻，说"我爱你"。丈夫急着出门，头也不回地丢下一句"我也爱你"，就走了。这样，妻子不免就要嘟囔几句。

开始

今天一整天里，每当你想到"我爱你"时，告诉你的伴侣你身体的具体感受，而不要简简单单就说句"我爱你"。

比如这样说："当你刚才进屋时，我就觉得心跳加速，心里想着：真没想到我这么幸运。"

交流技巧

30. 充分了解两性关系带来的力量

目的

让我们看清楚，到底是什么让两人结合在一起。

说明

要知道，两个人共同的力量是绝对大于 1+1 的。当两人建立亲密关系后，爱与被爱的催化力量就会极大地影响到两人的能量。怎样来处理这种极大增长的能量，就决定着两人关系发展的前景。

开始

下面这个活动也需要和同伴一起进行。先决定谁来做甲方，谁来做乙方。

a. 和自己的同伴面朝同一方向站立，彼此相隔 1 米左右。稍停片刻，静观自己的大脑和身体，留意自己的思想、形象和感受。

b. 缓慢转身面对彼此，静立不语，保持 1 分钟的目光交流。接下来静观自己的大脑和身体，看看有什么不同。

c. 转身不再面对彼此，留意一下现在有什么感受。时刻注意每次改变给自己带来的能量上的波动。

d. 反复转身面对伴侣，然后转身离开。每次彼此面对面站立时，都保持 1 分钟的目光接触。

　　①转身面对彼此，留意一下是不是有冲动要说点什么，或者忍不住想笑。保持静立 1 分钟然后转开身。注意观察自己的感受和想法。

　　②再次彼此面对面。甲方尝试缩小自己，不断收缩，将自己团成一团。乙方每次面对甲方的时候都自然站立。保持 1 分钟，然后转过身去，留意一下自己的感受。

　　③这一次当两人相对而立的时候，甲方尽量扩展自己，挺胸而立。保持静立 1 分钟，然后转开身，留意自己的感受有什么变化。

　　④依旧再次面对面站立，甲方面无表情，不作任何反应。保持这种状态 1 分钟，然后转开身。

　　⑤面对面站立，甲方留意一下自己有没有要做什么事情的冲动。想做什么就做什么。再感受一下还有没有别的冲动。做三件自己想做的事情，然后转过身去。

e. 甲方做完后，双方互换角色并重复上述活动，然后分享各自的体会。

亲密接触产生的能量不可小觑，大多数人对这种能量会作出下意识的反应。在上文提到的活动中，我们看到有人会脸红、头晕、恶心、肌肉痉挛、下意识地眨眼、打嗝、身体左右晃动、叮叮当当地摆弄兜里的硬币、一条条地撕纸巾、攥紧拳头、拉头发、又抓又挠等等。这些都是人们在面对突如其来的亲密力量时的下意识反应。希望大家都能对这一力量有所了解，至于它最终是帮助我们成长的利器，还是阻碍我们的累赘，就得看我们自己的选择了。

31. 创造安全空间

第一步

这项交流活动要求由两人共同完成，其中一人扮演说话人，另外一人扮演扬声器。

a. 说话人，大声说："我可以放心大胆地生气发火。"

扬声器，大声重复说话人的话，并放大说话人某些下意识的动作。比如，如果说话人在说话的同时挥了一下拳头，那么扮演扬声器的人就应该更夸张地振臂一挥，举起拳头。如果完全按照这里所说的来进行这个活动，一定会很有意思。

b. 说话人，接着说出下面的句子。扬声器，同样按照上面的方法重复所说内容，放大相应动作。

- 我可以放心大胆地感受所有的悲伤。
- 我可以放心大胆地感受所有性爱感觉。
- 我可以放心大胆地感受所有的恐惧。
- 我可以放心大胆地感受所有的快乐。

第二步

两个人一组，一人负责感受，一人负责回应。

a. 感受者，回忆最近的一次恐惧经历，并尽量记清每个细节。

把这个经历讲给回应者。回应者要说：

- 你可以放心大胆地感受所有的恐惧。
- 我会因为你的这种感受而喜欢你。

暂停几分钟，两个人都要注意观察、体会在活动中出现的感受和想法。

b. 感受者，回忆最近的一些愤怒、悲伤、开心或性爱体验，尽量回忆得完整一些。回应者，同样用语言的方式允许对方有这样的感受。

c. 感受者，把这个过程中引起的回忆和联想分享给回应者。回应者，分享对感受者体验到的感受。

d. 分享完每种感受后，双方互换角色，重复上述活动。

讨论

在这个活动中，作出回应的一方一定要把所有的细节感受都告知对方。有时候人们的反应很积极、很正面，而有时候情况就略为复杂了。比如，如果感受者没完没了地讲着自己的一次经历，如何担心，如何害怕，其实作为回应者的你已经听不下去了，有些烦躁，甚至怒火中生。这个时候，你就得利用讨论时间，把所有的这些感受都告诉对方。你可以说："其实当我说'你可以放心大胆地感受所有恐惧'时，我已经变得不耐烦了，一心只想快点进入下一步。我能感觉到自己不耐烦，皮肤开始痒痒的，现在还在发痒，呼吸也加重了。这种感觉似曾相识。原来每次我母亲受到惊吓，也会这样絮絮叨叨地把事情的经过从头到尾讲一遍，越讲情绪越激动，最后变得歇斯底里，大喊大叫起来。可能我怕你也会像她那样，所以才不由自主地烦躁起来。"你也可以把这些反应和想法写下来，留作以后参考。

我们发现，这些细微的感受描述得越多越具体，相处双方就越容易形成有意识的亲密关系。

32. 简单明了地沟通

目的

如同参禅一样，只为求证真心实相。

说明

将自己的经历与感受直接告诉对方，不隐瞒不绕弯子，会带来让人意想不到的结果。

在活动开始之前，请准备好录音机和麦克风。

开始

a. 在这个活动中，一个人倾诉，另一个人倾听。倾诉者，用大概两分钟时间说出自己的一个请求或者关心的事，打开录音机作同步记录。倾听者，观察自己的内在回应。交换角色，倾听者同样用两分钟时间讲出自己的一个请求或关心的事。

b. 将录音带倒回，重新听一遍录音，注意观察你在直接沟通回应时的音质，这是表达内容与表达目的相符时的音调。同时注意那些弦外之音，也就是那些与表达内容不相符的音调，那些声音才暗示出你在沟通时的真实意图。很多时候，我们所说的并不是自己的真实想法，那些言外之意才是我们真正要表达的内容。人们在说话时常常加入这些弦外之音，一般是为了：调整自己的立场，责怪他人，扮演受害者的角色，控制他人，寻求他人认可。参与活动的双方都应注意观察自己的弦外之音，并互相分享各自的发现。

c. 倾诉者，重新将最初表达的关心和要求再说一遍，但这一次只关注表达内容本身。你会发现这样沟通既省时又省力，不再有这样那样的顾虑，心里轻松多了，得到的回应也更明确。这是一项很重要的沟通技巧，要花些时间才能掌握。人在沟通时如果只关注交流的内容本身，自然就简单容易多了。

33. 全身倾听

目的

帮助我们了解言语沟通和身体体验之间的关系，学会倾听他人表达，找到更多与人沟通的渠道。

开始

a. 倾诉者，描述一下自己伤心难过时，身体哪个部位不舒服，然后将身体靠在椅子上或者舒服地躺下来。倾听者，将手放在倾诉者不舒服的部位，始终保持这一肢体接触。

b. 倾诉者，调整呼吸，将气息送到不舒服的部位，大声说出自己的感受。如此进行 5~10 分钟后暂停，双方保持安静，无需交流。

c. 交换角色，重复上述活动。

讨论

事实证明，人与人之间是可以不断深化交流，加深彼此了解的。通过练习此活动，你会发现自己更了解另一半了，你们的关系也更亲密了。

帮助我们扫除沟通上的障碍。

真正的沟通，只有在双方意见都得到充分倾听时，才会产生。一般来说，人们在沟通中真正追求的也是获得他人的理解。

开始

活动双方各有两次 5 分钟的陈述时间，用来陈述自己目前发现的问题。在一方陈述时，另一方不要试图打断。

a. 在第一个 5 分钟陈述期间，倾听者要时刻注意不要对倾诉者有任何言语打断，尽力全心倾听。其实有时候，要想闭紧嘴巴并不是一件容易的事，因为你总有充分恰当的理由打断别人，比如解释自己的立场、纠正对方的说话、发表自己的观点或建议（"哦，你说的那个我知道……"）。但不管怎样，请不要插话，注意观察自己的内心感受，是否在全身倾听的同时有新的发现。然后交换角色，重复上述活动。

b. 在第二个 5 分钟陈述期间，倾听者不仅要管住自己的嘴，还要保证不做出任何干扰性的小动作。人其实很擅长通过一些不经意的肢体动作，表达自己的真实想法。夫妻间常见的干扰对方的方式有：不耐烦地敲着手指，心不在焉地看这看那，坐立不安，小声哼唱，打响指，不住地清嗓子，点烟，等等。所以倾听时一定彻底打开自己，充分接收对方的交流信息。然后交换角色，重复上述活动。

讨论

两性交往时，如果能清楚地了解对方所表达的内容，冲突和矛盾也就减少了。很多相处中的不和谐，就是因为我们以为自己知晓对方的想法和感受，可实际未必如此。很多人都把关注点放在过去交往的种种，很少有人真正关注、了解当下。

讨论一下你的倾听方式，看看是否有哪些习惯阻碍了你倾听他人的声音，是否自己身上也存在一些问题，如抢着插话、干扰他人等。

问题解决

两性关系一旦出现问题，我们就得换个角度来思考。如果还抓着过去的思维方式不放，就很难找到解决问题的方法，因为这些问题就是在过去的思维方式下产生的。为了解决问题，我们就不应该努力为自己辩护、更大声地指责，或是追究事情起因等。下面这些活动将帮助你找到解决问题的方法。

35. 如何消解一时冲动

说明

这个活动主要在人们处于无意识状态时使用。正因为是无意识状态，我们建议大家要熟记活动步骤，这样才能在毫无头绪、最为焦灼的时候使用。

开始

a. 想出一个你要解决的问题，简单描述出来，确保活动双方都了解这一问题。互相大声声明："我想解决这个问题。"反复重复这句话，直到整个身体也感受到你想解决问题的意愿。

活动双方一定要发自内心地说出："是的，我想解决这个问题。"如果你的意愿还没那么坚定，就接着重复这句话，直到坚定为止。

b. 如果两个人都明确表达了解决问题的意愿，就请继续讨论，但不要用言语的方式，要用别的声音、手势或动作等交流。也就是说，要进行一场无言语的对话。你可以跳上跳下，弄出一些奇奇怪怪的声音，或者用手把你们的问题"画"出来。继续交流，直到问题出现转机或者找到解决问题的方法为止。例如：

贝丝和查尔斯总是因为怎么做饭、怎么用厨房而大吵特吵。做了这个活动后，他们才明白到底为什么而吵。按照活动指示，他们不再进行言语交流（比如："料汁儿里别放酸奶！""行！我走了，晚饭你做吧！"），而是用肢体动作来表达想法。查尔斯用手在眼前扫来扫去，好像在清理空间，贝丝则像交警一样僵硬地伸出手来，两个人就以这样的姿势互相绕着对方转圈，转了好几分钟，一副誓死保卫各自领土的架势。突然查尔斯明白了，他之所以和贝丝吵来吵去，就是希望她能认可自己的存在，适当地听取自己的意见。而贝丝也意识到厨艺是她展现自我的一个方式，所以当有异己意见出现时，她才如此愤愤难平。

这个活动旨在帮助大家跳出惯有的处事方式。一般做了这个活动后，很快就能找到问题的关键，不需要再进行额外的讨论和反思。同时，这一活动也能提醒大家，如果爱情在你心中的分量没有那么重，不管采取什么办法，对解决问题的作用都不大。

36. 改掉旧习

目的

帮助我们摆脱以往的陋习，即解决那些以"总是"冠名的问题。通常这些问题对维持和谐的两性关系有致命的危害。

说明

两个人相处，很可能有些事争来争去也争不出个所以然，这个时候你的另一半很可能就会说："你总是……"一副拉开架势、不吵过不去的样子。通过这个活动，你会掌握两种方法来开启觉醒的亲密关系，而且明白，任何人都要为自己"总是"做的事情负责。

开始

a. 列一列自己经常做，做了之后又麻烦不断的事。例如：

> 我总是：
>
> • 说话的时候声音越来越小，最后变成窃窃私语。
>
> • 用手指着他人。
>
> • 一生气就离家出走。
>
> • 动不动就哭。
>
> • 说着说着就忘了原本要说什么。
>
> • 觉得自己很笨。

b. 列好清单之后，确定一个需要讨论的话题。每个人选择一个自己经常做的事与对方交流，注意在说的时候要夸张一点。比如把你所说的"窃窃私语"变成"只张嘴，不出声"；或者别只用手指指人，直接伸出胳膊，上下一通乱点。这样持续 1~2 分钟。

c. 继续上述语言和肢体动作的交流，但这次要与平时的习惯做法相反。比如：不要觉得自己很笨，要抬头挺胸，做出洋洋得意的样子；生气的时候不要摔门离开，待在原地不动，看着对方的眼睛，慢慢调整呼吸，气入丹田。这样持续 1~2 分钟。

讨论

人只有在有意识地进行表达和感受时，才能以最佳状态来解决问题。既然人与人之间有超过 80% 的交流都是非语言的，那么只有当我们的表达与感受一致的时候，交流才会更清晰。"总是"这种说法，其实是对一个人做事习惯的一种概括，并不一定代表当事人眼下就要这么做，所以拿"总是"来说事并不恰当，只有摒弃这种无效交流，我们才能在两性相处中获得更多的乐趣，少走弯路。

37. 找到问题所在

教我们学会放手的艺术。

说明

两性间出现问题常常是因为，我们固守着某些处事原则和态度不放。最初我们选择这些处事原则，通常是出于生存的需要，但当我们长大成人，这些原则往往会成为我们与人相处的绊脚石。有了问题，我们通常会觉得压力倍增。这个活动会帮助你调整身心，让无穷的创造力帮助你轻松解决问题。

开始

首先确定谁来扮演问题制造者，另一人扮演问题承受者。

a. 问题承受者，做一个肢体动作，来代表目前无论如何都要坚持的问题。比如：

- 双臂交叉置于胸前（"说我有错，拿出证据来"）。
- 蜷身抱成一团（"我想离开"）。
- 转过身去（"没用"）。
- 挺直腰板（"我绝不屈服"）。

问题制造者，学着承受者的样子摆出相同的姿势，最好站在镜子面前，这样能尽量保持二人动作一致。试着从承受者的角度来理解这一姿势，并把你的想法告诉给对方。在交流中，双方可能都会有意想不到的发现。

b. 承受者，在完成接下来的每一步后都要摆回原来的姿势。
问题制造者，首先要想办法让承受者好过一点，给予对方同情，帮助对方走出困境。注意，你所提供的帮助既要有语言上的，也要有非语言上的。持续 2~3 分钟。活动双方都会看到自己对所扮演角色的反应。

c. 承受者，摆回最初的姿势。制造者，一改上一步中同情的面孔，摆出一副不能容忍的架势，同时脑子里也想一想，你对承受者的姿势有多不理解，多不赞成。持续几分钟。双方也要注意体会各自的感受。

d. 制造者，同样恢复到最初的姿势，把手放在承受者身上看起来最僵硬的部位，保持身体接触。轻轻爱抚这个部位，直到承受者描述身体感受的变化。

e. 暂停活动，短暂讨论后交换角色，重复上述活动。

讨论

这个活动让两性双方有机会站在对方的角度思考问题。一位妻子也学着丈夫的样子，双臂交叉抱于胸前，她惊讶地说："天啊，我突然感到自己很强大，那些不满和怨气一下子烟消云散了。以前你一那样抱着胳膊，我就以为你生气了，现在我才明白，你做这个动作就是为了给自己打打气啊。"

当我们对自己下意识的动作有了足够了解，这些动作也渐渐不再出现了。举个例子吧。

> 贾妮斯发现每次她和男人约会，对方让她谈谈自己的情况，她都会很礼貌地一笑了之，淡淡的，多少会让人感觉冷冷的。每次她都这样，不管对面坐着的那个人让她多么动心。做了这个活动后，她才发现自己的笑是一种自我保护的面具。贾妮斯小时候最怕和家人一起吃晚饭，大家总会问她在学校表现得怎么样，一问到有什么不对的地方就批评指责，最后每每以砸盘子摔碗收场。贾妮斯后来发现，面对大人们的问题，如果她不回答，只是奉上一个中规中矩的微笑，就会省却很多麻烦。弄明白这其中的原因后，贾妮斯再也不那样淡然幽幽地笑了，她变得更开朗、更成熟了。

CONSCIOUS LOVING: The Journey to Co-Commitment

by Gay Hendricks and Kathlyn Hendricks

Copyright ©1990 by Gay Hendricks and Kathlyn Hendricks

Simplified Chinese translation copyright ©2014

by Huaxia Publishing House

Published by arrangement with author through

Sandra Dijkstra Literary Agency, Inc. in association with

Bardon-Chinese Media Agency

ALL RIGHTS RESERVED

北京市版权局著作权合同登记号：图字 01-2012-8007 号

图书在版编目（CIP）数据

觉醒的亲密关系：缔造和谐有爱、完整务实的情感 /（美）盖伊·汉德瑞克
（Gay Hendricks），（美）凯瑟琳·汉德瑞克（Kathlyn Hendricks）著；朱菲菲，
郝红尉译 . -- 北京：华夏出版社有限公司，2024.3

书名原文：Conscious Loving: The Journey to Co-Commitment

ISBN 978-7-5222-0592-2

Ⅰ.①觉… Ⅱ.①盖… ②凯… ③朱… ④郝… Ⅲ.①恋爱心理学 Ⅳ.① C913.1

中国版本图书馆 CIP 数据核字（2023）第 227957 号

觉醒的亲密关系：缔造和谐有爱、完整务实的情感

著　　者	［美］盖伊·汉德瑞克　［美］凯瑟琳·汉德瑞克
译　　者	朱菲菲　郝红尉
策划编辑	朱　悦
责任编辑	杨小英
责任印制	周　然
出版发行	华夏出版社有限公司
经　　销	新华书店
印　　装	三河市少明印务有限公司
版　　次	2024 年 3 月北京第 1 版　　2024 年 3 月北京第 1 次印刷
开　　本	710 mm×1000 mm　1/16 开
印　　张	19.75
字　　数	250 千字
定　　价	78.00 元

华夏出版社有限公司　　网址：www.hxph.com.cn　电话：（010）64663331（转）

地址：北京市东直门外香河园北里 4 号　邮编：100028

若发现本版图书有印装质量问题，请与我社营销中心联系调换。